티베트 불교문화

Lectures on Tibetan Religious Culture by Geshe Lhundup Sopa
Original copyright 1983 by Library of Tibetan Works & Archives
　　Dharamsala, H.P. India
Korean Translation Copyright 2008 Jeeyoungsa publishing company

이 책의 한국어판 저작권은 Library of Tibetan Works & Archives와
독점계약한 지영사가 소유합니다. 저작권법에 의해 보호받는 저작물이므로
무단전제와 무단복제를 할 수 없습니다.

티베트
Lectures on Tibetan Religious Culture
불교문화

룬둡 소빠 지음
지산 옮김

지영사

| 차례 |

티베트 불교문화 • 제1부

01 | 티베트 승려들의 기초 교육과 입문 과정 —8
02 | 겔룩파의 교과 과목과 게쉐가 되는 과정 —15
03 | 밀교승원의 학습 과정과 그 이후의 단계 —22
04 | 불교 신도의 정의와 삼귀의의 의미 —31
05 | 불교의 기본 교리인 사법인四法印 —38
06 | 티베트 불교의 초기 역사 —44
07 | 티베트 불교의 4대 분파 —52
08 | 아띠샤께서 티베트에 오신 경위 —59
09 | 문聞이란? —64
10 | 사思와 수修란? —72
11 | 사마타 수행의 방법 —78

티베트 불교문화 • 제2부

12 | 소 중생·중 중생·대 중생의 분류 기준 —88
13 | 소 중생의 수행방법 1   —93
14 | 소 중생의 수행방법 2   —102
15 | 중 중생의 수행방법 1   —110
16 | 중 중생의 수행방법 2   —119
17 | 중 중생의 수행방법 3   —125
18 | 중 중생의 수행방법 4   —135
19 | 대 중생의 수행방법 1   —143
20 | 대 중생의 수행방법 2   —150
21 | 대 중생의 수행방법 3   —157
22 | 대 중생의 수행방법 4   —168

옮긴이의 말   —179

티베트 불교문화

제1부

01 티베트 승려들의 기초 교육과 입문 과정

문 린뽀체[1], 이전에 큰 절에 계셨을 때 몇 살이셨습니까?
답 제가 큰 절에 머물렀을 때 열 살이었습니다.

문 데뿡[2]에 머무르셨습니까?
답 예. 데뿡에 머물렀습니다.

문 데뿡에는 몇 개의 승원(僧院)이 있었습니까?
답 제가 큰 절에 있었을 때 데뿡에는 승원이 4개 있었고, 그 전에는 7개 있었다고 합니다.

문 예, 그런데 린뽀체께서는 그 4개 승원 중 고망 승원에 속하셨다고요.
답 그렇습니다. 저는 고망에 속했지요. 저의 캄첸(지역 분과)은 하르동 분과였고, 미첸(지역 소분과)은 초카이었습니다.

문 게쉐님(불교교학의 학위소지자), 당신의 고향은 어디입니까?
답 저의 고향은 짱입니다. 짱은 라싸의 서쪽에 있습니다. 짱은 큰 땅입니다. 그 안의 썅이라고 부르는 지역에서 제가 태어났습니다.

문 몇 살에 승려가 되셨습니까?
답 저는 아홉 살에 승려가 되었습니다.

문 게쉐님은 어떤 절에 들어가셨습니까?
답 저는 두 개의 다른 절에 들어갔습니다. 처음에 들어간 곳은 짱에 있는 간덴최코르라는 중간 크기의 절에 들어갔습니다. 그곳에는 승려들이 500명 가량 있었습니다. 그 뒤에 공부를 더하기 위해서 쎄라[9]로 들어갔습니다.

문 처음 간덴최코르에 계시는 동안 기본적으로 공부한 것은 무엇이었습니까?

답 간덴최코르에 머무는 동안 처음에 나이 어려서는 편지 읽기와 쓰기, 또한 절의 전통에 따른 암송을 위한 경전 예를 들면, 여러 종류의 기도, 의식 집전, 부처님 찬탄문 등 다양한 많은 의례 경전들을 암기해야 했습니다. 그리고 암기한 모든 것을 많은 승려들 가운데에서 시험 봐야 했습니다. 그것들이 완전히 끝나고 나서 기초에서부터 중요한 불교 철학 서적들을 공부하기 시작했습니다. 또한 처음에는 논리학 예비과정부터 시작해야 했기 때문에, 저는 그 과정을 조금 공부했습니다. 중요한 서적들을 광범위하게 공부한 것은 나중에 쎄라에서였습니다.

문 쎄라에 가셨을 때에 몇 살이셨습니까?
답 쎄라에 갔을 때 제 나이 18세였습니다. 그때 저는 일반적으로 불교 철학 책을 공부하고 싶은 욕구가 컸습니다. 간덴최코르에는 이전에 쎄라에서 공부하고 돌아온 학자들이 많았습니다. 그들의 상황을 보고 저도 쎄라에서 공부하고 싶은 욕구가 아주 많이 있었습니다. 그러한 이유로 저는 쎄라로 갔습니다.

문 쎄라는 티베트 내에서 아주 큰 절 중 하나가 아닌가요?
답 쎄라는 티베트 내에서 가장 큰 절 중 하나입니다. 라싸 주변의 가장 큰 절로 데뽕·쎄라·간덴 셋이 있습니다. 쎄라는 두 번째입니다. 왜냐하면 보통 말하기를 데뽕에는 승려가 7천700명, 쎄라에는 5천500명, 간덴에는 3천300명이라고 말하기 때문입니다. 하지만 그 절들에 지금은 승려 숫자가 그보다 약간 많습니다. 데뽕에는 승원이 4개, 쎄라에는 3개, 간덴에는 2개 있습니다. 쎄라의 승원 셋은 〈제〉·

〈메〉 그리고 〈밀교승원〉입니다. 밀교승원은 주로 밀교에 대해 배우는 곳입니다. 다른 둘은 주로 철학에 대해 배우는 철학 승원입니다. 첫 번째로 이 큰 절들은 승려들이 머무는 곳이고, 승가의 계율과 함께 사원의 특성을 완전히 갖춘 곳이며, 두 번째로 다른 절과는 다르게 그것들은 대승원처럼 티베트 중심지역과 주변지역 여기저기에서 공부하러 오는 곳의 중심지와 같은 곳이기도 합니다.

문 절 안에 있는 승려들은 모두 다 공부하는 사람들뿐입니까?

답 절 안에 있는 승려들 대부분은 공부하는 사람들입니다. 하지만 그런 큰 절들은 대승원과 같기 때문에 그곳에는 여러 종류의 일하는 사람들도 필요합니다. 어떤 이들은 공부할만한 충분한 힘을 갖지 못해서 절을 위해 일하는 사람들도 많이 있습니다. 예를 들면, 불화 그리는 사람·불상 조각가·음악가·서기·출납계원 등이 있습니다.

문 절에서 처음 승려가 되려면 무엇을 먼저 해야 합니까?
답 큰 절에 들어올 때의 방식에는 두 종류가 있습니다. 속인이 새롭게 승려가 되는 경우와 먼 곳에서 온 기존의 승려가 큰 절에 들어오는 방식의 두 단계가 있습니다. 속인이 새롭게 승려가 되는 경우에는 처음에는 책임을 져 줄 스승이 한 분 있어야 합니다. 일곱 살 이하면 승려가 될 수 없습니다. 일곱 살 이상부터 승려가 될 수 있습니다.
얼마 동안은 사미계나 비구계를 받지 않아도 됩니다. 그때 비록 계는 받지 않아도 옷을 갈아입고, 삭발 등을 하고서 출가해야 합니다. 처음 승원의 켄뽀 스님*이 계신 곳을 방문할 때 승복을 입고 정수리에 〈따퓌〉라고 하는 머리카락 약간만 남기고 삭발합니다. 그 〈따퓌〉는 그 승원의 켄뽀 스님이 기도문을 읽으면서 깎아줍니다. 켄뽀가 머리카락을 깎아주는 것은 과거에 부처님께서 〈남닥 탑〉앞에서 머리카락을 깎고 출가하신 것의 상징입니다.
일반적으로 절의 규칙에는 몸(의 측면에서) 절름발이와 맹인,

말(의 측면에서) 벙어리, 마음(의 측면에서) 미친 사람 등은 승려가 되지 못하는 제한이 있습니다. 그것을 검사하기 위해 처음 켄뽀에게 절 세 번을 할 때 사지를 뻗어서 절해야 합니다. 켄뽀가 그의 이름과 부모에 대해 묻는 것은 목소리와 마음에 장애가 있는지 없는지 검사하는 것입니다. 그리고 당분간은 절 전통에 따른 〈최쬐(法行)〉라고 하는 암송 경전 들이 많이 있어 그것들을 모두 외워야 하고, 편지 쓰고 읽는 등의 의무가 많이 있어서 그것들을 다 마치지 않으면 불교 철학 수업에 들어갈 수가 없습니다. 멀리 떨어진 절에서 새로 온 기존 승려의 경우는 이러한 어려움 없이도 불교 철학 수업에 들어갈 수 있습니다. 왜냐하면 처음 그 절에 오기 전 각자의 원래 절에서 승려가 되었기 때문에 필요한 부분들이 충족된 걸로 인정하기 때문입니다.

 겔룩파의 교과 과목과 게쉐가 되는 과정

문 큰 절에서 처음 공부하기 시작해서 끝날 때까지 공부하는 방식이 어떻습니까?
답 세 큰 절의 승원에서 공부하는 방식은 거의 비슷합니다. 하지만 쎄라의 〈제〉 승원 같은 곳을 예로 들자면 일반적으로 16단계의 수업 과정이 있습니다. 그 수업 과정 중에 배우는 것은 주로, 경전과 논서의 핵심주제를 다섯 가지로 요약해서 처음에 논리학, 다음에 반야바라밀·중관·계율·구사론에 대해 단계적으로 배웁니다. 또한 기초 과정에 상·중·하가 있습니다. 기초 과정이란 논리학 저술들

을 보기 전 단계의 논리학 단계입니다. 용어와 분류 등 주요 요점들을 티베트 학자들이 따로, 새로 공부하는 사람들이 이해하기 쉽게 명쾌하게 정리해서, 논리학의 주요 보전寶典들과 비슷하면서도 그것들에 들어가는 수단인 열쇠와 같은 많은 책들을 저술했습니다. 주로 그 책들에 대해 공부합니다.

논리학의 주요 저술들에 대해 주로 공부하는 것은 나중에 단계적으로 해야 합니다. 예컨대 〈제〉 승원 같은 경우는 논리학 수업이 따로 없습니다. 하지만 〈장〉 겨울 학기라고 해서 매년 11월 초순부터 12월 15일까지 세 큰 절의 많은 학승들이 함께 모여 논리학 저술만 공부하는 곳이 있습니다. 공부하는 저술은, 인도의 논사論師 디그나가(陳那)가 지은 『집량론集量論』과, 그 자신의 주석서 등과 특히 그의 제자인 논사 다르마끼르띠(法稱)가 지은 『인명칠론因明七論』을 위주로 인도의 다른 학자들이 지은 다른 주석서들과, 그것들에 대해 각각의 절 고유의 소위 〈익차〉라고 하는, 티베트 학자들이 지은 경전과 논서의 실제 의미, 〈논평·주장·반박〉 세 가지에 대한 상세한 의문 풀이와 연관된 많은 논서 들이 있습니다.

〈장〉 겨울 학기는 길지 않지만 논리학의 주요 저술들을 공부하기에 좋은 곳입니다. 왜냐하면 그 기간 동안에 쎄라·데뽕·간덴의 학승들이 서로 논쟁과 연관되어 경쟁함으로써 이전에 풀리지 않았던 의심이 해결되고 공부에 새로운 큰 진보도 이루어지기 때문입니다.

그리고 반야바라밀 수업 5단계 동안의 주요 저술은 마이트리야(彌勒) 존자가 지은 『현관장엄론現觀莊嚴論』과 그것에 대한 주석서로 인도 학자들이 지은 20가지와, 티베트 학자들이 지은 주석서·부주석서 들을 주로 하고, 기타 『미륵학이십론彌勒學二十論』 등과 그것들에 대한 티베트의 〈익차〉 등을 배웁니다.

그리고 중관 수업에서는 나가르쥬나(龍樹)가 지은 『중관이취육론中觀理聚六論』·아리야데바(提婆)·붓다빨리따(佛護)·바바비

베까(淸辨) 등이 지은 저술들과 특히 찬드라끼르띠(月稱)가 지은 『입중론入中論』과 그 자신의 주석서, 또한 티베트의 학자들이 지은 여러 〈익차〉들을 주로 공부합니다.

계율을 배울 때는 『별해탈경別解脫經』과 『사분율四分律』 등 율장律藏과 그것들의 진정한 의미를 설명한 일반 주석서, 특히 논사 구나프라바(功德光)가 지은 『근본경장根本經藏』과 그 자신의 주석서 등을 주로 하고 티베트의 〈익차〉 등을 공부합니다.

『구사론俱舍論』을 배울 때는 인도의 학자들이 지은 일반적 주석서와 특히 논사 바수반두(世親)가 지은 『구사론』 원전과 그 자신의 주석서를 주로 공부합니다. 기초 과정 수업 3단계에 3년, 반야바라밀 수업 5단계에 5년, 중관 수업 2단계 각각에 2년씩 머물러서 4년, 마찬가지로 계율 수업 2단계와 구사론 수업 2단계에 걸리는 기간도 중관의 수업 때와 같습니다.

그리고 〈까람진다〉라는 단계에 이르면 큰 시험을 봐야 합니다.

그 시험은 매우 중요합니다. 그 시험의 성적에 따라서 나중에 게쉐라는 호칭의 네 가지 단계를 단계적으로 얻습니다.

문 게쉐의 단계 네 가지는 어떻게 얻는 것입니까?

답 게쉐의 4단계는 공부의 수준에 따라 높거나 낮은 지위를 얻습니다. 공부가 가장 뛰어난 승려들에게는 하람빠, 그 아래가 촉람빠, 그 아래가 릭람빠, 그 아래가 링쎄와를 얻습니다. 하람빠와 촉람빠를 얻은 사람들은 〈하람진다〉라고 하는 가장 높은 과정으로 갑니다. 릭람빠와 링쎄와인 게쉐들은 〈까람진다〉 안에 머무릅니다. 까람진다와 하람진다의 게쉐들은 각각의 게쉐 토론의 차례가 올 때까지 각각의 〈진다(과정)〉 안에 머물러야 하기 때문에 〈진다〉의 크기에 따라 머무르는 기간이 다양합니다. 이 두 〈진다〉 안에서 공부하는 것은 계율과 구사론을 주로 해서 다른 것도 모두 다시 공부하고, 그것과 연관해서 서로 상세한 논쟁도 하면서 자세히 공부합니다.

릭람빠와 링쎄와 둘은 각각의 절 안에서 토론하고 게쉐 단계의 호칭 지위도 각각의 절 자체에서 줍니다. 그래서 그들의 부류를 낮은 단계의 게쉐라고 합니다.

라싸에서 〈촉췌〉라는 축제가 열리는 티베트력 2월 중 열흘 동안 쎄라·데뿡·간덴 세 절의 승려들이 라싸에 모입니다. 그 동안 촉람빠들은 게쉐의 토론을 벌입니다. 토론의 성적에 따라 게쉐의 서열이 티베트 정부로부터 주어집니다.

그와 마찬가지로 〈묀람〉 축제라는 티베트력 1월 중의 21일 동안 세 큰 절의 승려 모두가 라싸에 함께 모이는 축제가 있는데, 그 동안에 세 큰 절의 하람빠들이 매일 번갈아가면서 게쉐의 토론을 벌입니다. 토론 순서도 시험 성적에 따라 티베트 정부에서 정합니다.

〈묀람〉이란 이전 부처님 재세시在世時에 부처님께서 외도 스승 6명과 보름 동안 신통 겨루기를 했던 기념입니다. 그것을 인도 나란다 같은 큰 절에 있던 관습과 맞추어서 쫑카빠 존자[5]가 새롭게 제정한 것입니다.

03 밀교승원의 학습 과정과 그 이후의 단계

문 린뽀체, 게쉐의 자격을 얻은 뒤에 바로 밀교에 들어가셨습니까? 어떻게 하셨습니까?

답 게쉐 자격을 1월에 얻고 나서 2월 1일에 〈규메대학(하부밀교승원)〉에 들어갔습니다.

문 밀교승원에 처음 들어가서는 무엇을 해야 합니까?

답 밀교승원 내에서 해야 할 일을 요약해서 말하자면, 밀교에 들어와서 게쉐라면 1년, 생기차제生起次第의 학승이라면 6년 동안 〈밀교 법회〉라고 하는, 가 봐야 할 곳이 많습니다.

그것들은 라싸 근처의 몇몇 지역과 세 큰 절에 있는데 반드시 돌아보아야 합니다. 그 동안 주로 밀교의 체계에서 수행과 공부를 하는데, 그 방식은 쌍뒤(구히야삼마자)·뎀촉(차크라삼바라)·직제(야만타카) 세 가지[7] 만달라 의식과, 이것에 연관된 밀교의 수행과, 켄뽀 스님으로부터 생기차제, 원만차제圓滿次第[8]의 지침과 구전口傳을 많이 받고 밀교의 저술들에 대해 문聞·사思·수修를 합니다. 예컨대 9월에 라싸에서 〈직제〉의 법회法會 동안에 〈직제〉의 채색 모래로 만달라를 만들고, 그것의 의식儀式을 하고, 켄뽀가 〈뻰첸 롭상최곈〉이 지은 〈직제〉의 생기차제에 대해 암송을 검사하는 등 〈직제〉에 대해 주로 수행합니다.

마찬가지로 쌍뒤와 뎀촉의 법회 기간 각각에도 채색 모래로 만달라를 만들고 그 둘의 가르침과 의식儀式의 수행을 위주로 합니다. 이처럼 법회 각각에서 쌍뒤·뎀촉·직제 세 가지의 근본 밀교 저술들과 인도와 티베트의 학자들이 지은 그것들의 주석서·부주석서들을 듣고 배울 뿐 아니라 특히 티베트력 2월에 〈속(地名) 법회〉가 시작되면 켄뽀가, 쫑카빠 존자가 지으신 『쌍뒤짜귀기델빠시닥』이라는 유명한 책의 설명과 전수를 시작해서, 그것을 각각 다른 법회에 계속 이어서 설명과 전수를 모두 완성합니다. 마찬가지로 〈간덴법회〉의 경우 〈케둡 게렉뻴상〉이 지은 『생기차제성취대해生起次第成就大海』의 설명과 전수가 있고, 그뿐 아니라 법회 각각에서는 『뻰첸 롭상최겐』이 지은 『뎀촉과 직제의 생기차제』와 규메 대학의 설립자인 〈쉐랍쌩게〉가 지은 쌍뒤의 『띠까(주석서)』 등에 대해 켄뽀가 암송을 검사합니다.

1년 동안 〈선임先任 띠까 암송자〉라 해서 게쉐 두 사람이 특별히 쌍뒤의 〈선임 띠까 암송자〉로 지명되고, 선임 암송자들 중에서도 그 두 사람이 주가 되어 켄뽀가 검사하는 것은 무엇이든 시험을 치러야 합니다. 그렇기 때문에 1년이 지나면 뎀촉·쌍뒤·직제의 근본 교재의 주석서·부주석서·구전口傳 등은 모두 전수받게 됩니다.

문 규뙤(상부 밀교승원)와 규메(하부 밀교승원) 두 승원의 하안거를 하는 시기는 세 큰 절과 약간 다르지 않습니까?

답 그렇습니다. 세 큰 절은 전기 하안거를 지킵니다. 그래서 전기 하안거는 티베트력 6월 16일부터 한달 보름 동안 지켜집니다. 규뙤와 규메에서는 후기 하안거를 지킵니다. 그 하안거는 티베트력 7월 16일부터 시작해서 8월 30일까지 지켜집니다. 그런데 일반적으로 승려들은 전기 하안거를 지켜야 합니다. 만약 전기 하안거를 지킬 수 없으면 후기 하안거를 지킬 수 있도록 부처님께서 승려들이 하안거를 지킬 수 있는 다른 두 방법을 말씀하셨습니다. 그 전통이 쇠퇴하지 않도록 하기 위해 티베트에서도 규뙤, 규메 두 절과 세 큰 절의 하안거를 지키는 다른 두 가지 방식이 있습니다.

일반적으로 하안거에는 많은 목적이 있습니다. 우선 여름철에는 바깥 녹색 풀 위에 많은 종류의 생명체들이 있기 때문에 그것들의 신체와 생명을 해치지 않기 위해서입니다. 부처님의 계율 안에 하안거가 끝나는 때를 알 수 없으면 가을 나무들의 잎이 누렇게 변하면 해제해도 좋다고 말씀하신 뜻과 일치해서 티베트력 8월경에는 나무들의 잎이 누렇게 변하기 때문에 그때 하안거를 해제해도 됩니다.

규메 사원의 승려들이 하안거를 지키는 곳은 나중에 〈추믹룽(地名)〉이라는 곳에서 입니다. 그 기간 동안 켄뽀는 뎀촉의 설명과 전수를 하고, 생기차제 단계의 학승들은 만달라의 선線과 채색 모래·상곡조上曲調·밀송어密誦語 등을 익혀서 지도 법사에게 시험을 쳐야 하고, 8월 15일 켄뽀가 포살布薩할 때는 『별해탈경別解脫經』을 모두 기억하여 암송해야 합니다. 또한 하안거 때 쌍뒤 만달라의 본존 32위位와 맞추어서 게쉐 32명에게 매년 특별히 쌍뒤의 수행법을 가르치는 〈티뻰〉이라는 선생이 있습니다. 그 선생이 가르쳐서 그 게쉐들은 쌍뒤에 관한 수행을 합니다. 또한 수행하는 사람들 각각은 모두 작은 수행처를 따로 가지고 있습니다. 그 동안은 티뻰과 시중드는 사람 두셋을 제외하고는 누구도 들여다보거나 만날 수 없습니다. 8월 23일에 격리 수행이 끝나면 티뻰과 그 해에 새로 들어온 게쉐들은 켄뽀로부터 수행 단계의 비밀스러운 가르침들을 많이 들어야 합니다.

문 밀교승원에 있는 승려들이 모두 게쉐는 아니지요?

답 아닙니다. 일반적으로 밀교승원 승려에는 생기차제 승려들과 원만차제 승려들의 2부류가 있습니다. 큰 절들에서 게쉐의 자격을 얻고 밀교승원 학승學僧으로 들어온 사람이라면 처음부터 원만차제의 일원으로 들어갑니다. 그렇지 않고 어린 나이에 밀교승원에 들어오거나 다른 큰 절에서 공부를 마치기 전에 밀교승원에 들어오면 생기차제의 일원으로 들어가야 합니다. 생기차제 학승들은 쌍뒤·뎀촉·직제의 만달라 의식 등 밀교 경전들을 많이 암기해야 하고, 또 『별해탈경』과 보리심菩提心, 밀교 계율의 준수·선·채색 모래·의례儀禮 등을 많이 배워 시험을 쳐야 할 뿐 아니라, 보통 그들의 수행은 주로 원만차제의 예비 수행인 생기차제에 대한 문聞·사思·수修를 해야 하는 것입니다. 원만차제의 학승들은 생기차제 학승들처럼 만달라의 의식 등을 기억하여 시험을 치지 않아도 됩니다. 생기차제의 요건들을 끝내고 기맥氣脈, 기氣, 명점明点 수행과 환신幻身, 정광명淨光明 등의 원만차제의 내면 요가를 위주로 문·사·수 세 가지를 수행합니다.

문 게쉐들이 밀교승원 내에서 승진하는 방식은 어떤 것입니까?

답 상위 게쉐들은 밀교승원에 들어간 뒤에 정부에서 시행하는 현교, 밀교 두 시험을 치루어야 합니다. 시험 성적에 따라 선임 띠까 암송자 자격을 얻습니다. 1년 동안에 선임 띠까 암송자가 되는 게쉐가 둘 있습니다. 이 두 게쉐는 다음 해에 밀교승원 안에서 밀교에 대한 토론을 하고 밀교 학승들의 감독(게께)이 됩니다. 9월 직제 법회 기간에 선先 선임 암송자의 토론과, 12월 뎀촉 법회 기간에 후後 선임 암송자의 토론이 열려야 합니다.

감독(게꿰)이란 밀교 학승들의 규율에 대해 주로 자세히 살피는 사람이고, 규율에 크게 어긋나는 일이 생기면 처벌로서 밀교 학승 단체에서 추방하는 등의 힘도 가지고 있습니다. 그리고 어떤 게쉐들은 〈티뻰〉을 하는데, 그들은 〈추믹룽〉에서 하안거 때 쌍뒤의 수행법을 가르치고, 그 뒤에도 정부에서 시행하는 현교와 밀교 두 가지의 큰 시험을 치러서 그 성적에 따라 〈라마우제(지도 법사)〉의 지위가 됩니다. 〈라마우제〉란, 보통 밀교 학승들의 의식 집행과 계율 등에 관해 자세히 살피며, 시험을 출제하는 등 밀교 학승들의 켄뽀 아래에서 가장 큰 책임을 맡는 사람입니다. 라마우제를 3년 한 뒤에 밀교 학승들의 켄뽀가 됩니다. 켄뽀를 3년 하면, 그가 규뙤 출신이면 〈쌰르쩨〉 법주(法主), 규메 출신이면 〈장쩨〉 법주가 됩니다. 법주 두 사람은 나중에 번갈아가며 간덴 수좌(首座)를 7년씩 합니다.

간덴 수좌란 겔룩파 가르침의 스승인 쫑카빠 존자를 대신하는 가장 높은 종교 지도자 중의 한 사람입니다. 그는 보통 모든 현교 밀교의 설명과 수행의 가르침에 대한 책임을 가지고, 특히 라싸에서 〈뮌람〉과 〈축췌〉 축제 동안 매일 세 큰 절의 대중들에게 법문을 하는 등 쫑카빠 존자의 삶과 같은 역할을 수행합니다.

04 불교 신도의 정의와 삼귀의의 의미

문 불교 신자라고 불리는 사람은 어떤 사람들입니까?

답 일반적으로 불교 신자란 삼보三寶에 대한 귀의歸依가 있느냐 없느냐에 따라 정해집니다. 무슨 말이냐 하면 최소한 삼보의 공덕을 개략적으로라도 이해해서 그것에 의지하는 마음이 없다면 불교신자 안에 포함시킬 수는 없습니다. 삼보에 귀의하는 방식은, 삼보에는 윤회와 악도惡道의 고통 등의 두려움으로부터 제도할 수 있는 힘이 있다고 믿고, 가슴 깊은 곳에서부터 의지하는 마음 그것이 바로 귀의의 핵심입니다. 그것을 마음의 귀의라고도 합니다. 그러한 마음을 가지고 부처님께 귀의한다고 말하는 것이 말씀의 귀의입니다.

그리고 불보(佛寶)란 스스로 두 가지 장애 등의 결점을 완전히 뿌리 뽑으시고, 지혜·자비·능력의 세 공덕을 완성하신 견지에서 타인에게 귀의가 무엇인지 올바르게 보여주시는 진정한 스승이십니다. 그리고 그분이 가르치신 아리야(깨달은 성자)의 마음의 멸성제(滅聖諦)와 도성제(道聖諦)에 포함되는, 버려야 할 법(法)과 깨달은 법이 진정한 법(法) 또는 진정한 법보(法寶)이며, 그러한 법들을 올바로 성취한 승보(僧寶)란 귀의를 받을 수 있는 진정한 도반인데, 이러한 사실에 확고한 확신을 가지면 그것들에 의지하려는 귀의 그것도 진정한 귀의가 됩니다. 그렇지 않고 삼보의 공덕을 개략적이라도 이해함이 없이 귀의한다고 말만 많이 해서는 말하는 이익 말고는 진정한 귀의는 되지 않습니다. 일반적으로 귀의의 원인은 자신과 타인의 모든 고통에 대한 두려움, 그것으로부터 제도해 줄 능력이 귀의 대상에 있다는 믿음 두 가지가 핵심입니다.

문 귀의 대상인 삼보의 각각에 윤회와 악도의 고통의 두려움으로부터 제도할 수 있는 능력이 있다는 의미는 어떤 것입니까?

답 능력이 있다는 의미는, 먼저 삼보 각각의 본질과 특별한 공덕들을 잘 인식하면 이해될 수 있습니다. 먼저 삼보 각각의 본질이란, 불보에는 예컨대, 우선 몸의 공덕으로 32상相 80종호種好의 한량없는 공덕이 있고, 음성의 공덕으로는 불음佛音 60가지의 공덕이 있고, 마음의 공덕으로는 버려야 할 대상인 두 가지 장애의 나쁜 성벽性癖을 남김없이 버린 공덕과, 이해의 대상인 실상實相과 가상假相의 법 모두를 직접적으로 파악한 완벽한 직관지와, 모두를 차별 없이 받아들이는 최상의 자비와, 자신과 타인의 목적을 훌륭하게 성취하는 데 장애 없는 힘과 능력을 상상할 수 없을 정도로 완성하신 그와 같은 몸·말·마음 세 가지, 그리고 지혜·자비·능력 세 가지의 최고의 공덕을 가진 이분을 부처님이라고 합니다.

법보라고 하는 것에는 궁극적인 법보와 잠정적인 법보 두 가지가 있습니다. 최상의 법이란 궁극적 법보입니다. 그것은 번뇌 등 버려야 할 모든 것을 뿌리째 버리게 하는 해독제로 아리야(깨달은 성자)의 마음의 흐름에 있는 길의 진리(도성제)와, 길의 진리의 힘에 의해 번뇌 등 모든 제거해야 할 대상을 뿌리째 제거한 멸滅의 진리(멸성제)와 같은, 아리야의 마음의 흐름에 있는 멸성제와 도성제, 이 두 가지가 궁극적 법보입니다. 잠정적 법보란 궁극적 법보를 오류 없이 가르치신 부처님의 말씀과, 그것에 대한 설명들인 논서들과 중생의 마음속의 열 가지 악업을 없애는 계율 등 자세한 덕목 등도 잠정적 법보에 속합니다.

또한 승보도 궁극적 승보와 잠정적 승보 둘로 나누어집니다. 궁극적 승보는 도성제와 멸성제를 모두 가진 삼승三乘의 진정한 성인聖人들입니다. 잠정적 승가란 구족계具足戒[10]의 계율을 가진 성인 단계 이전의 비구 네 명 이상을 잠정적 승가라고 합니다. 삼보 각각의 본질을 대략 파악하면 위와 같습니다. 삼보가 타인을 두려움으로부터 제도하는 방식은 예를 들면, 심한 병을 가진 환자가 병의 두려움으로부터 구제되기 위해서는 병의 본질, 원인 등과 그것으로부터 벗어나는 방법인 치료 등에 아주 능란하고, 약 등을 능숙하게 주는 사람인 숙련된 의사가 환자를 고통으로부터 구제하는 것처럼 부처님도 중생들의 고통의 원인 등을 있는 그대로 아시고, 그것으로부터 벗어날 수 있는 심오한 방법을 올바르게 가르치심으로써 중생을 고통에서 제도하시는 것입니다.

법보란 병의 원인을 뿌리에서부터 없애는 심오한 약과 같아서, 부처님이 말씀하신 도성제와 멸성제의 법들이 고통과 그 원인인 번뇌와 인식 대상에 대한 장애등을 뿌리 뽑고 막아 두려움으로부터 확실히 제도하는 귀의처가 됩니다.

마찬가지로 승보란 친절한 간호원은 환자와 함께 있으면서

걷고, 자고, 머무르고, 먹고, 마시는 등의 행동과, 약을 잘 활용하는 등 능숙한 의사를 보조하며 환자에게 많은 도움을 주는 것처럼 승보도 스승이신 부처님께서 가르치신 뛰어난 법을 스스로 옳게 성취하고 다른 도반들도 마찬가지로 성취할 수 있도록 격려함으로써 두려움으로부터 제도합니다. 그렇기 때문에, 능숙한 의사가 준 좋은 약을 환자가 먹지 않으면 의사와 약과 친절한 간호원이 아무리 많아도 병으로부터 벗어날 수 없는 것처럼 스승이신 부처님이 가르치신 법을 스스로 올바르게 수행하지 않으면 불·법·승 삼보의 능력이 크더라도 고통 등의 두려움으로부터 올바로 제도할 수 없습니다. 경전에 이르기를, "성인聖人들도 죄악을 물로 씻을 수 없고, 중생의 고통을 손으로 없앨 수 없고, 스스로 안 바를 다른 이에게 넘겨줄 수 없고, 법의 진리를 가르쳐서 해탈하게 할 수 있을 뿐이다"라고 말씀하셨습니다. 마찬가지로 삼매왕경三昧王經에서 "훌륭하고 가치 있는 약을 받아도, 병을 고칠 수 있는 그 약을 먹지 않으면, 의사의 허물도 약의 허물도 아니요, 환자 자신의 허물이다"라고 말씀하신 것처럼 귀의 대상의 공덕과 그것에 귀의하는 방법을 잘 이해해서 귀의하는 것은 매우 중요할 뿐 아니라, 귀의란 바로 불교 신자로 들어가는 문과 같기도 합니다.

05 불교의 기본 교리인 사법인四法印

문 단순한 불교 신자와 불교 교리 수용자受用者 양자 간에 차이가 있습니까?

답 그 둘 사이에는 약간의 차이가 있습니다. 불교 교리 수용자는 모두 불교 신자이지만 불교 신자는 모두 불교 교리 수용자라고 확신할 수 없습니다. 일반적으로 불교의 이론을 받아들인 교리 수용자라면 불교 신자인데 더해서 불교만의 고유한 견해를 보유한 〈4법인法印〉의 교리를 수용해야 합니다. 견해를 보유한 4법인이란, 조건화된 모든 것은 무상하다(제행무상諸行無常), 오염된 모든 것은 고통이다(일체개고

一切皆苦), 모든 법은 무아이다(제법무아諸法無我), 열반은 평화롭다(열반적정涅槃寂靜)입니다. 또한 조건화된 것이란 인因과 연緣이 만들거나 생성시킨 현상 모두를 가리키고, 그러한 현상 모두는 매 순간 변화하는 본성이 있어서 '순간적' 또는 '무상無常'이라고 하는 것입니다. 거기에도 꽃병 등이 미세한 순간순간에도 무너지거나 변화하는 본성이 있는 것을 미세한 무상함이라 하고 꽃병을 망치로 부수거나 동물이 죽을 때처럼 현상 스스로 자신의 동일성을 상실하는 것을 거친 무상함이라고 합니다.

오염된 모든 것은 고통이라고 할 때의 〈오염된〉이란 오염인 번뇌에 의지해서, 번뇌의 힘에 의해 생겨난 업業과 인과因果 등의 법을 〈오염된〉이라고 합니다. 그 모두는 세 가지 고통의 본성으로부터 벗어나지 않기 때문에 고통이라고 합니다. 세 가지 고통이란, 예컨대, 통증 같은 감각적 고통인 고고苦苦, 윤회에 속하는 오염된 즐거움은 고통을 초래하거나 고통으로 변하기 때문인 괴고壞苦, 오염된 모든 법은 자성自性이 없어서 업과 번뇌의 다른 힘으로 변하는 행고行苦 (편재된 조건화의 고통) 등입니다.

모든 법이 무아라고 할 때, 이때의 법이란 선법善法만이 아니고 존재하는 모든 것을 가리킵니다. 아我가 없다고 할 때 법무아法無我와 인무아人無我의 두 가지가 있는데 사법인에서의 무아는 법무아가 아니고 인무아여야 합니다. 왜냐하면 법무아는 불교 학파 중 유식학파唯識學派와 중관학파中觀學派에서는 받아들이지만 설일체유부說一切有部와 경량부經量部에서는 받아들이지 않고 있기 때문입니다. 그래서 모든 법이 무아라는 것은, 오온五蘊 등의 법에 주재자主宰者의 독립성獨立性이 있다거나, 독립적으로 존재하는 실체로서의 아我가 오온과는 다른 본성으로, 영원하고 나뉘지 않으며 단일한 본성으로 존재한다고 모든 외도外道들이 인정하고 있는데, 그러한 아我를 경전에서는 거부하면서 없다고 보는 것이 불교만의 독특한 특성입니다. 불교의 더 높은 가르침에는 그것보다 훨씬 자세한 인무아를 인정하는 다른 방식도 있지만 여기에서는 말하지 않겠습니다. 그러한 영원하고 단일하며 독립성을 가진 아我가 없다고 불교 교리 수용자들은 모두 합의하고 있지만, 설일체유부 중 독자부犢子部 등 일부에서는 오온과 같지도 다르지도 않고 영원하지도 영원하지 않지도 않은 어떻다고도 말할 수 없는 독립적으로 존재하는 실체로서의 아我를 인정한다고 말하기 때문에, 그러한 설일체유부 등이 불교의 교리를 받아들이는 불교 교리 수용자인지 아닌지에 대해 학자들이 많은 논쟁을 하고 있습니다. 그래서 어떤 학자들은 그러한 설일체유부들이 인아人我를 인정하기 때문에 일반적으로는 불교 신자이지만 교리의 관점에서는 불교 교리 수용자가 아니라고 하고, 또 다른 학자들은 그들이 독립적으로 존재하는 실체로서의 아我를 받아들이기는 하지만 외도들이 받아들이는 것처럼 영원하고 단일하며 독립성을 가진 아我는 없다고 보기 때문에, 교리의 관점에서도 불교 교리 수용자라고 하는 등 많은 관점들이 있습니다.

열반(슬픔을 벗어난 것)이 평화롭다고 하는 것은, 슬픔이란 윤회의 고통이라고 보고서 그 원인을 해독제인 도성제道聖諦로 제거하거나 근원적으로 없애서 해탈한 상태를 가리킵니다. 또한 윤회 고통의 원인인 번뇌 등의 마지막 뿌리는 아我에 대한 집착인데, 그것을 뿌리 뽑는 해독제는 무아의 진리를 직접적인 지각으로 파악하는 도성제이기 때문에, 그것을 수행하지 않고서는 번뇌를 뿌리 뽑을 방법이 없는데, 외도들은 윤회의 뿌리인 아집我執을 제거하는 수단인 해독제는 전혀 수행하지 않고 음식을 먹지 않거나, 몸에 불을 붙이거나, 갠지스 강에서 목욕을 하는 등 육체적인 고행을 하고, 동물을 죽여 살과 피를 공양 올리는 등 오염된 어떤 속성들을 자유에 이르는 길이라고 집착하고서 해탈과 최상의 평화를 얻으려 하고, 평화로움(또는 해탈)의 본질도 브라흐마나 비슈누 등의 세속적인 신의 어떤 속성이라고 받아들이며, 세속적 수행 방식에서의 제거 대상인 드러나는 번뇌들을 일시적으로 억압한 정도의 (번뇌와의) 분리 상태 등 (아직은) 오염되어 있는 어떤 속성 정도를 최상의 평화로움 (또는 해탈)으로 받아들이고 있습니다.

06 티베트 불교의 초기 역사

문 티베트에 불교가 어떻게 해서 퍼졌습니까?

답 티베트에 불교가 어떻게 퍼졌는지를 티베트 역사에 맞추어서 요약해 말해 보면, 시기의 관점에 따라 전 전파기와 후 전파기 둘로 나누어집니다. 가르침의 전 전파기 때인 티베트 왕조 27대 하토토리녠쩬 왕 때에 부처님의 경전인 『도데빵꽁착갸빠』와 『사마똑꾀뻬도』 등 수승한 법의 서적 몇 권을 받았습니다. 그때 그것들의 의미를 이해하지는 못했지만 왕의 꿈에 다섯 세대가 지나면 그것들의 의미를 이해하는 사람이 올 것이라는 암시가 있었습니다. 왕은 그것들을 아주 귀하게 여기면서 경배했는데 이것이 바로 수승한 법의 시작입니다.

그 뒤 서기 617년에 태어난 32대 법왕法王인 송쩬감뽀 시대에 퇸미쌈보타를 인도에 문법과 문자를 공부하도록 보내서 뒤에 그가 인도〈렌차〉의 문자를 모방해서 오늘날 티베트 글자인〈우쩬〉과, 우루두 글자를 모방해서 오늘날 티베트 글자〈우메〉두 가지의 체계를 시작했을 뿐 아니라, 『쑴쭈빠』와 『딱죽』등 문법의 해설서 몇 권도 지었습니다. 법왕 송쩬은 중국 황제의 딸인 꽁조와, 네팔 황제의 딸 티쮠 두 사람을 왕비로 받아들였습니다. 이 두 왕비가 각자의 소장품으로 스승 석가모니의 등신상等身像을 가지고 오자, 법왕과 대신들은〈조오〉등 두 분 부처님이 머무는 장소로 라싸에 유명한 두 절을 위시한 많은 절들을 지었습니다. 또한 인도에서 고승 꾸마라와 네팔의 고승 실라만주 등을 초청해서 관세음보살의 법에 관한 것 등 현교와 밀교의 경전들 약간을 번역했고, 왕 스스로도 배우고 수행하며 나중에 티베트인들에게 관세음보살의 법을 가르쳐서 티베트에 가르침의 체계를 갖추기 시작했습니다.

그 뒤 서기 730년에 태어난 37대 왕 티송데우쩬 시대에 인도의 대학승 샨따락시따와 대스승 빠드마삼바바·비말라미뜨라·고승 까말라실라 등 인도의 고승 108명 정도를 초청해서 그 고승들과 티베트의 역경사譯經師 바이로짜나와 까와뻴쩩·쪽로뤼곌첸·샹예세데 등 큰 역경사들이 부처님의 경전 삼장三藏과 그것들의 해설서인 많은 주요한 논서들을 티베트어로 번역했습니다. 특히 대스승 빠드마삼바바는 밀교의 가르침을 크게 펼쳤고, 대학승 샨따락시따는 후보자 7명을 처음으로 승려로 만들어 티베트에서 승가의 제도를 처음 확립했으며, 수승한 법과 계율을 가르친 경전들에 대해 주로 많은 법문을 했고, 이 두 고승의 추종자들은 현교와 밀교의 가르침들을 많이 선양했습니다. 그래서 대학승 샨따락시따와 대스승 빠드마삼바바, 법왕 티송데우첸 세 사람이 최초로 티베트에 현교와 밀교의 가르침을 넓게 전파되도록 해서 티베트인들에게 크게 기여했기 때문에 이 세 사람은 티베트인들의 존경의 대상이 되었고, 그들 세 사람의 기여를 기념하기 위해 여러 사원들과, 대부분의 가정 안에서도 그 세 분의 상(像)과 탱화 등을 만들어 모시는 관습이 지금까지도 많은 곳에 퍼져 있습니다.

그 뒤 서기 806년에 태어난 41대 통치자인 티렐의 시대에 많은 사원이 세워졌고, 그는 불법에 대한 신앙심이 대단해 승려 각각에 일곱 가정씩이 공양을 올리도록 했고, 자신의 긴 머리털 양끝에 리본을 달아 그 끝에 스님들과 밀교를 공부하는 속인들을 앉게 해서 공양을 올리고 경의를 표했으며, 켄뽀 지나미뜨라 등 인도의 많은 전문가들을 초청해서, 티베트의 역경사 라뜨나락시따 등 많은 전문가가 이전의 법왕들의 시대에 경전과 주석서들을 정확하게 번역하지 못했던 것들을 왕의 지시대로 새로운 번역어를 제정해서, 재번역을 잘 해서 그 가르침을 교정함으로써 불법이 쇠락하지 않고 진보되도록 했으니, 그때까지가 가르침의 전 전파기라고 하겠습니다.

그 뒤 법왕 티렐의 친척 연장자인 랑다르마가 자기보다 나이 어린 친척이 왕이 된 것을 좋아하지 않았고, 불교에 대해 폭 넓은 존경과 봉사를 바치는 것을 질투심으로 견디지 못했으며, 특히 뵌교를 좋아한 재상 베따나 등의 사악한 생각과 행동에 자극받아 티렐을 죽이고서, 서기 836년에 랑다르마가 왕이 되어 많은 불교 사원을 파괴하고, 많은 승려들을 죽이거나 환속시키거나 나라 밖으로 추방하거나 해서 티베트의 위짱 지역에 승려의 흔적조차 가진 자가 없게 되었을 때, 〈예르빠〉의 은둔승 〈하룽 뻴기도르제〉가 활을 쏘아 랑다르마를 죽이고, 율장律藏과 아비달마阿毗達磨의 경전들을 아주 많이 가지고 〈도메〉 방향으로 도주했습니다. 그래서 랑다르마가 왕으로 있던 기간이 6년 밖에 되지 않지만, 위짱 지역에는 율장의 가르침이 파괴된 채 70년 이상이 지났다고 합니다. 그때 보리심菩提心과 밀교 계율을 지니며 재가자在家者의 관습을 유지한 사람들은 그

다지 피해를 입지 않았습니다.

또한 대학승 샨따락시따의 가르침의 전승을 가진 짱랍쎌과 요게충·마르샤꺄 등 세 사람도 율장과 아비달마 경전들을 많이 가지고서 처음에는 뙤 지방(티베트 서쪽) 웅아리 쪽으로 도주했다가, 그곳에 머무를 수 없어 북쪽 길을 통해 〈도메〉 쪽으로 도주하여 〈덴띡쎌기양귄〉이라는 곳 등에서 수행을 하며 머무르고 있을 때 〈라첸 공빠랍쎌〉이라는 자가 와서 그들로부터 승단 입문 허락과 구족계를 받고 싶다고 했습니다. 그렇게 청했는데, 일반적으로 구족계를 주려면 최소한 비구 5명이 있어야 하는데 충분치 않아서 중국의 비구 두 사람을 찾아서 짱랍쎌이 수계사授戒師, 요게충이 지도교사指導教師, 마르쌰꺄가 병교사屛教師를 하고, 중국 비구 두 사람이 의식儀式의 숫자를 채워주어서 라첸에게 승단 입문 허락과 구족계의 계율을 차례로 주었습니다. 그 뒤에 〈도메〉 지역에 승단 입단과 구족계 계율의 전승이 있다는 사실을 위짱 지역에서 듣고, 〈루메〉 등 열 사람이

〈도캄〉으로 와서 라첸으로부터 계율을 받고, 그들은 다시 위짱 지역으로 가서 구족계 계율의 전승을 널리 보급함으로써 가르침을 다시 널리 전파하니 가르침의 잔불殘火이 〈메(동쪽)〉에서 회복되었다고 하며, 후기 가르침의 전파가 그곳에서 시작됩니다.

가르침의 잔불이 뙤(서쪽)에서 회복된 경위는 랑다르마의 계승자인 〈하라마 예셰외〉와 〈장춥외〉 두 사람이 뙤 지방 응아리에 머물면서 작은 왕국을 유지하고 있을 때 인도 동부의 학승 다르마팔라 등 팔라 이름을 가진 세 사람이 응아리 뙤로 와서, 그들로부터 상승 사람 겔베쉐랍이 계율을 받았고, 마찬가지로 학승 〈샤꺄스리〉도 티베트에 와서 별해탈경의 계율의 전승을 퍼뜨렸습니다. 그래서 그들로부터 위짱 지역에 수승한 법과 계율의 가르침이 퍼지게 되어 가르침의 잔불이 뙤에서 회복되었다고 합니다. 그렇기 때문에, 별해탈경의 계율의 전승을, 〈메〉에서는 라첸 공빠랍셀을 통한 메의 계율 전승이라 하고, 〈뙤〉에서는 상승 사람

겔베쉐랍과 학승 샤까스리 등을 통한 별해탈경 계율 전승을 뙤의 계율 전승이라고 합니다. 그뿐 아니라 〈하라마 예세외〉가 가르침을 크게 전파하기 위해서 티베트 어린이 약 20명을 인도로 공부시키러 보냈는데 역경사譯經師 린첸상뽀·로충·응옥렉뻬쉐랍 세 사람을 제외한 다른 사람들은 땅과 물이 맞지 않아 죽어 돌아오지 못했고, 그들 세 사람은 인도에서 공부를 완성해서 티베트에 나중에 돌아와 많은 경전과 논서를 번역했고, 특히 대역경사 린첸상뽀는 대승 밀교의 경전과 논서를 많이 번역해서, 그때 이후에 번역된 밀교를 신新 밀교라 하고, 전기의 법왕들인 조상들 세 명의 시대에 번역된 밀교를 구舊 밀교라 합니다.

07 티베트 불교의 4대 분파

문 티베트에 불교가 퍼지고 나서 서로 다른 부파가 어떻게 생겨났습니까?

답 일반적으로 이름 붙이는 방식에 따라 몇 가지 부파가 나타났습니다. 예컨대, 닝마파·싸꺄파·까귀파·까담파 등 유명한 네 부파와 기타 조낭파·시제파·부룩파 등 많은 작은 파들이 있습니다. 그들 부파들은 어떤 것들은 지역과 시기, 어떤 것들은 수행 지침과 스승에 따라 이름 붙여졌을 뿐, 근본 견해와 교리에 있어서는 인도 불교의 교리 수용자에 네 가지가 있는 것처럼 주로 견해에만 의해서 나누어진 그런 확실한 차이는 없습니다. 또한 예컨대, 구파舊派(닝마파)·신파新派 하는 것은 시간의 관점에서 정한 것이고, 까담파·까귀파·족첸파·착첸파 하는 것은 가르침의 관점에서 이름 지어졌고, 싸꺄파 그리고 까귀파 내에서의 디궁파·딱룽파 등은 지역의 관점에서 이름 붙여진 것입니다.

문 신파와 구파의 차이는 어떻게 나누는 것입니까?
답 먼저 구파라는 것은, 티베트에 밀교의 가르침이 퍼진 방식을 신·구 둘로 나누어서, 밀교의 경전과 논서가 역경사 린첸상뽀 때까지는 이전의 법왕 세 분의 시대에 번역되었고, 그 분들 시대의 밀교의 큰 고승들이 법을 크게 펼쳐서 그들을 따르는 사람들을 구파라고 합니다. 그렇기 때문에 신, 구라고 차이를 두는 것은 티베트에서는 현교 경전의 가르침이 퍼진 방식으로 나누는 것이 아니고, 주로 밀교의 가르침이 퍼진 방식으로 나누는 것입니다. 구파 밀교의 교리가 크게 일어난 것은 법왕 티송데우첸 시대부터인데, 서기 776년 밀교의 대스승이시고 힘과 신통력에 있어 걸림이 없는 빠드마삼바바가 티베트에 오셔서, 큰 성취를 이룬 표시로 놀라운 신통력을 많이 보여주어서 처음으로 티베트인들의 믿음을 성숙시켰고, 그 뒤 〈삼예〉의 〈침부〉 등에서는 보편적인 대승의 법과 밀교만의 고유한 법을 많이 가르치셨고, 왕과 권속들 25명을 비롯한 선근을 가진 많은 중생들을 성숙시키고 해탈시켰으며, 또한 미래의 중생들을 위해서 많은 수승한 법을 보물로 감추는 등의 한량없는 행동을 하셨습니다. 마찬가지로 고승 다르마끼르띠와 비마라미뜨라 등도 선근 있는 몇몇 제자들에게 밀교의 법을 가르쳐서, 그들로부터 구파 밀교의 교리가 널리 퍼지게 되니, 그 전통을 따르는 사람들을 닝마파라 합니다.

문 까귀파의 체계는 어떤 것입니까?
답 거기에는 다른 두 파가 있습니다. 닥뽀 까귀와 썅빠 까귀

둘입니다. 서기 1012년에 태어나신 역경사譯經師〈마르빠 최기로되〉가 인도에 여러 번 가서서 대학승 나로빠 등 많은 스승들에게 의지해서 배웠고, 띨로빠로부터 전해진 네 가지 지침 등 많은 가르침을 듣고 티베트에 돌아와서는 구히야삼마자와 반야바라밀 등 많은 현교와 밀교의 경전과 논서들을 번역했고, 마하무드라와 나로 6법의 가르침 등 대승의 밀교를 위주로 해서 이론과 수행의 관점에서 가르침을 널리 전파했습니다. 그의 가르침은 그의 수제자인 미라레빠 존자와 최고의 수행자인 닥뽀의 의사(감뽀빠) 등에게 전해졌는데 그들로부터 단계적으로 전해진 체계를 닥뽀 까귀의 교리라고 합니다. 또한 쿵뽀라는 성취자가 인도와 네팔에 여러 번 왕래하면서 스승 마이뜨리빠 등 인도와 네팔의 스승 150명 가량에게 의지해서 가르침을 많이 듣고서 쌍이라는 지역에 절을 세워 1만 명에 이르는 많은 제자들에게 환신幻身과 꿈 수행의 관정灌頂, 환幻 수행과 수행 차제 등 많은 대승의 법을 설해서, 그로부터 전해진 전통을 따르는 사람들을 쌍빠 까귀파라고 합니다. 닥뽀 까귀파 내에는 까르마 까귀·둑빠 까귀·디궁 까귀·딱룽 까귀의 큰 네 파와 작은 여덟 파가 있습니다.

싸꺄파의 교리는 서기 1034년에 태어나신 〈쾬꾄촉곌뽀〉라는 분이 역경사 되미·괴쿡빠해쩨 등 많은 성취하신 스승에게 의지해서 뵌뽀리의 하얀 땅에 절을 세워 싸꺄 사원이라고 이름 짓고, 되미가 주석하는 가운데 대승의 일반적인 법과, 특별히 인도의 고승 뺄덴최꽁, 성취자의 이름으로는 비루빠로 알려지신 분과, 고승 가야다라로부터 전승된 〈람데〉"의 가르침을 위주로 대승 신 밀교의 법들을 배우고서 그것들을 이론과 수행의 측면에서 선양했는데, 그로부터 시작해서 싸꺄파의 큰 다섯 성취자와 웅오르, 종 두 사람을 통해 전승된 체계를 따르는 사람들을 싸꺄파라 합니다.

문 까담파와 겔룩파의 체계는 같습니까?

답 까담에 대해 말하자면, 인도 비끄라마실라의 대스승 아띠샤가 서기 1042년에 티베트에 오셨습니다. 부처님 가르침인 삼장의 모든 의미를 빠짐없이 세 종류의 인간의 길로 요약하여 수행방법의 특별한 가르침인 현교·밀교의 길의 핵심 모두를 담은, 흠 잡을 곳 없고 쉽게 수행할 수 있도록 한 책 『보리도등론菩提道燈論』을 저술하셨습니다. 그의 수제자인 아버지 〈돔뙨곌베중내〉가 요청해서 가르친 〈파최〉와 아들 〈쿠뙨쬔뒤유둥〉과 〈응옥렉뻬쉐랍〉 두 사람이 요청해서 가르친 〈부최〉 등 〈까담파의 본존과 가르침 일곱 가지〉를 지닌 심오한 가르침을 까담파의 친족 세 사람 등이 이론과 수행 양면에서 유지하고 선양하여 그 전통을 따르는 사람들을 까담파라고 합니다. 그리고 까담파는 전기前期 까담파와 신新 까담파 둘로 나뉩니다. 서기 1357년에 태어나신 쫑카빠 존자까지의 까담파들을 전기 까담파라고 합니다. 쫑카빠 존자가 앞선 까담파의 좋은 전통을 위주로 일반적 부처님 가르침과, 특히 까담파 전통에서 쇠락한 부분과 불순하게 바뀐 부분들을 세 가지 검사 과정에 입각한 경전과 논리에 의해 바로 잡아 완전하게 하여, 다시금 까담파의 체계를 오점 없이 널리 선양하셨습니다. 그리고 가르침과 수행의 큰 도량인 〈리오 간덴〉 사원을 세우셨는데, 그의 수제자인 곌찹다르마린첸, 성취자 게렉뻴상, 게뒨둡빠 등을 통해 전수된 바를 따르는 사람들을 리오 겔룩파 또는 신 까담파라고 합니다.

08 아띠샤께서 티베트에 오신 경위

문 까담파 가르침의 스승이신 〈조오제 뻴덴 아띠샤〉는 티베트에 어떻게 해서 오셨습니까?

답 그가 티베트에 오신 경위에 대해 간단히 말씀드리자면, 랑다르마가 가르침을 파괴하고 나서 수승한 법의 계율의 가르침이 메(동부)에서는 공빠랍셀, 뙤(서부)에서는 역경사 린첸상뽀 등으로부터 위짱 지역에 크게 퍼지고 있었지만, 어떤 사람들은 계율을 좋아해서 밀교를 멸시하고, 어떤 사람들은 밀교를 좋아해서 계율을 멸시하는 등 가르침에 대해 편견을 가진 경쟁들이 다양하게 커졌을 뿐 아니라, 실제로 현교·밀교의 핵심을 이해하고서 수행을 아는 사람이 극히 적었습니다. 그뿐 아니라 밀교수행을 하는 어떤 사람들은 밀교의 내용을 머리에 잘 기억하고 있는 듯이 가장하면서 자기가 만든 이상한 내용들을 많이 저술하고, 내면에서 체득한 확신 없이 밀교를 멋대로 단정하여 술과 여인에 대해 멋대로 행동하는 등 잘못된 행위가 많이 퍼졌습니다.

또한 인도에서 〈아짜리야 마르뽀〉라는 사람과 〈빤디따 쌈땁응왼뽀〉라는 사람들 몇이 티베트에 와서 여인을 취하는 수행을 〈결합〉이라 하고, 적敵인 동물들을 죽이는 것을 〈해탈〉시키는 것이라 하는 등 잘못된 법을 〈결합〉과 〈해탈〉이라 하면서, 거기에 밀교의 이름을 붙여서 많은 사악한 행동을 퍼뜨렸습니다. 이러한 식으로 올바른 이론과 수행을 가진 사람들이 적어져 가고 있을 때, 〈하라마 예세외〉는 이런 상황을 참지 못해 인도의 스승 중 티베트 불교를 바로 잡을 수 있는 능력이 있는 사람을 찾아보니,

비끄라마실라 대학의 학자들 중에서도 왕관의 장식과 같은 〈조오제 아띠샤〉의 명성에 이끌려서 〈갸쬔쎙〉에게 금을 많이 주어 모셔오도록 보냈지만 모셔오지 못했습니다. 그 뒤 〈하라마 예세외〉가 학승을 초청하기 위해 금을 모으러 갔다가 가르록 왕[12]에게 포로로 잡히게 되니 가르록 왕이 "네가 귀의를 포기하거나, 몸무게만큼의 금을 주지 않으면 보내줄 수 없다"고 하니 하라마 예세외는 귀의를 포기할 수 없다 하여 포로로 오랫동안 머물게 되었습니다. 그 때에 〈장츕외〉가 금을 많이 모으려고 노력하여 금을 거의 몸무게만큼 모았을 때, 예세외에게 말하기를 "제가 금을 몸무게만큼 모아서 스님의 몸값을 치르러 갔었는데 가르록 왕이 듣지 않고 '아직 머리 무게만큼의 금이 더 필요하다'고 해서 지금은 그것을 얻지 못했지만 빨리 찾아서 스님의 몸값으로 주겠습니다"라고 예세외에게 말했습니다. 그렇게 말하자 예세외는 "금을 그 정도 얻어 내 몸값을 지불해도 가르침과 중생들에게 이익이 되지 않으니 내가 목숨을 버리겠습니다. 내 대신 인도에서 학승을 초청해서 티베트에 부처님의 가르침이 오염 없이 퍼지도록 하십시오"라는 유언을 남기고서 예세외는 세상을 떠났습니다. 그 뒤 장춥외는 역경사 〈낙초〉에게 수행원 몇 명을 붙이고 금을 많이 주어 〈조오제〉를 초청하도록 보내니, 거기에 먼저 와 있던 갸쩬쎙과 역경사 낙초 두 사람이 조오제에게, 이전에 티베트의 법왕들이 티베트에 가르침을 펼친 양상과 랑다르마가 가르침을 파괴한 것, 오늘날 티베트의 가르침이 쇠락한 모습, 보살인 왕(예세외)이 법을 위해 목숨을 버린 경위 등 모든 자세한 소식과 함께 티베트에 가셔야 한다고 말씀드렸는데 처음에는 아띠샤로서는 승낙하기가 어려웠습니다. 그러나 뒤에 〈따라 보살〉[18]이 이르기를 "그대가 티베트에 가면 거사 한 사람의 도움을 받아 가르침에 큰 이익이 있을 것이다"라는 예언을 하여 마침내 허락했습니다. 그때 아띠샤의 선배인 라뜨나까라는 허락하기 쉽지 않은 상황이었지만 마침내 3년 동안 가도 좋다고 허락했습니다.

그 뒤 아띠샤 존자는 응아리에 와서 왕과 대신들에게 법을 설했고, 특히 현교와 밀교의 길의 정수를 모두 요약한 책 『보리도등론』을 지었습니다. 그 뒤 3년이 지나 존자와 〈낙초〉는 선배 라뜨나까라에게 돌아가겠다고 약속한 대로 인도로 돌아가려고 했을 때 도중에 지역 전쟁이 일어나, 갈 수 없는 사정을 알리고 더불어 선배 라뜨나까라에게 더 머물게 해 달라는 요청과 함께 『보리도등론』도 인도에 보내니, 비끄라마실라의 학승들이 모두 이것을 보고 놀랐습니다. 선배 라뜨나까라도 아주 흡족해 하면서 그처럼 중생들에게 큰 이익이 있다면 머물러도 좋다는 허락을 했습니다. 그리하여 이전에 〈따라 보살〉이 예언하신 것처럼 수제자 〈돔뙨빠〉를 만나 그와 더불어 위짱 지역으로 가서 까담파의 가르침을 해가 떠오르는 것처럼 점차로 널리 펼쳤습니다.

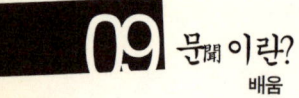

09 문聞이란?
배움

문 법의 수행을 완성하는 데 있어 문聞·사思·수修 셋 중에서 어떤 것이 더 중요합니까?

답 법을 완성하기 위해서는 문·사·수 세 가지가 다 중요합니다. 처음에는 문(배움), 중간에는 사(숙고), 마지막에는 수(수행)가 더 중요한 것 같습니다. 예컨대 처음에 배움이 매우 중요한 것은 왜냐하면, 우리 중생들 모두가 모든 고통으로부터 완전히 벗어나 궁극적 행복을 이룬 부처의 경지를 얻기 위해서는 수행을 완성해야 합니다. 그러기 위해서는 수행의 길의 본질과 대상, 차제大第, 종류, 수행방법들을 고려하는 관점에서 잘 검토해서 확신과 믿음 등을 크게 일으켜야 하고, 그것을 일으키는 데에도 처음에 잘 배우지 않으면 그런 기회가 오지 않습니다. 그래서 마이트리야(彌勒)께서 "먼저 배움에 의해서 생각이 올바로 고정되고, 생각이 올바로 고정됨으로써 실상實相에 대한 참된 지혜가 생긴다"라고 말씀하셨습니다. 또 현자賢者들이 "배움이 없는 수행자란 손이 잘린 채 절벽을 오르는 것과 같다"라고 하였습니다. 즉, 손가락이 잘린 사람이 높은 절벽의 정상에 오르려는 것처럼 전혀 배운 바 없이 큰 수행자가 되려는 사람도 그와 마찬가지라고 했습니다.

그런데 어떤 사람들은 윤회로부터 해탈하는 것과 부처가 되기 위해서는 수행을 해야 하지만 문과 사 두 가지는 수행에 방해가 된다고도 합니다. 왜냐하면, 다른 사람으로부터 들은 것과 자신이 책에서 읽은 것은 무엇이든 그것들의 의미를 생각하게 되므로 모두 〈상념想念〉이라는 것입니다. 또한 좋은 생각을 하든 나쁜 생각을 하든 모두 상념이기 때문에, 그것들은 똑같이 수행에 방해가 되고, 해탈과 일체지 一切智를 얻는 데에도 방해가 되는 것이다 라고 합니다. 예컨대, 감옥에서 쇠사슬로 묶거나 금사슬로 묶거나 감옥에서 벗어나는 데는 방해가 되고, 마찬가지로 흰 구름이든 검은 구름이든 태양과 달을 가리는 데에는 차이가 없는 것과 같다는 것입니다. 그래서 제거하거나 개발하는 행위를 어떤 것도 하지 않고, 선악에 대해 전혀 생각하지 않는 그것을 무행무념 無行無念의 요가라고 하고, 어떤 생각도 하지 않고 머무르는 그것이 최고의 수행이며, 윤회로부터 해탈하는 최상의 방법이라고 말하는 사람도 있습니다. 하지만 그것은 우선 천상이나 인간계에서 몸을 받는 선도 善道에 태어나는 원인인, 악업을 제거하고 선업을 증장하는 행위를 멈추도록 하기 때문에 선도의 원인과 결과를 얻는 데 장애가 되고, 궁극적 해탈과 일체지를 얻는 길의 인과에도 실질적인 장애가 되는 것입니다. 왜냐하면, 고승 찬드라끼르띠(月稱)가 "선도에 태어나는 인因으로서는 계율이 외에는 없다"라고 말씀하신 것처럼 다음 생에 천상이나 인간계의 선도에서 좋은 몸을 얻기 위해서는 이생에서 열 가지 악업을 제거하는 계율을 지키지 않으면 안 되기 때문입니다. 마찬가지로 부처님께서도 "고苦를 알고, 그 원인(集)을 제거하고, 멸滅을 깨닫고, 길(道)을 수행하라"라고 하셨습니다. 즉, 해탈하기 위해서는 사성제四聖諦의 의미를 알고서 제거와 개발을 할 필요가 있다고 말씀하셨습니다. 또한 부처님께서는 "윤회의 큰 강에서 그대가 벗어났지만, 아직 그대는 완전히 열반에 이른 것은 아니다. 불승佛乘 그것을 찾도록 하라"라고 말씀하셨습니다. 즉, 아라한은 윤회로부터 벗어났으나 스스로 평화로운 행복 정도에 만족하여 전오식前五識과 의식意識의 거친 작용이 멈춘 경지에 오래도록 몰입 상태에 들어가 머물러 있으므로 부처님께서 그 몰입 상태로부터 깨워서, 중생을 위한 목표를 크게 이루는 보살의 수행을 한량없이 가르쳐서 부처가 될 수 있도록 이끌어 가시는 것입니다.

무행무념의 의미는 아무 것도 하지 않고 아무 것도 생각하지 않으면서 머무른다는 것입니다. 그런데 그렇게 해서 윤회로부터 벗어날 수 있다면, 스승 부처님께서 35세부터 80세까지 세 가지 수레의 길(三乘)을 기초로 해서 깊고 넓은 법을 한량없이 설하신 것도 의미가 없게 됩니다. 또한 스승을 따르는 대가大家들이 부처님의 말씀을 설명하는 많은 논서를 쓰고, 큰 성취자들이 수행해서 높은 성취의 지위에 올라, 스스로 수행한 길의 본질과 순서 등을 다른 사람에게 선명하게 가르치는 논서들을 많이 지은 것도 의미가 없게 됩니다. 그래서 게으름을 좋아하는 이런 어리석은 법을 멀리 버리고 선악善惡의 상황을 선명하게 가르치신 법을 우선 할 수 있는 만큼 널리 배워야 하는 것이 매우 중요한 요점입니다.

고승 아슈바고샤(馬鳴)께서, "자타카(本生談)[14]에서 이렇게 말씀하셨습니다. 배움이란 무명의 어둠을 없애는 등불과 같은 것이다"라고 하셨습니다. 왜냐하면 여러 가지 물건이 있는 어두운 집에 등불을 밝히면 여러 가지 물건들의 형태와 색깔들이 선명하게 보이는 것처럼 좋은 배움이 있으면 부처님의 법에서 말씀하신 허물과 공덕, 제거해야 될 것과 개발해야 될 것들을 분명히 알기 때문입니다. 또한 배움이란 도둑 등이 훔쳐갈 수 없는 가장 귀한 재산이라고 하셨습니다. 예컨대, 세상의 금과 돈 등의 다른 재산들은 도둑과 강도들이 가져가거나, 불 등의 사대 요소四大要素가 파괴하거나 하지만, 배움이라는 재산은 그렇지 않아서 자신에게 항상 있는 최상의 재산 같은 것입니다. 또 배움이란 변함없는 가장 귀한 친구 같은 것입니다. 그 말은 세상의 아끼는 남자 친구나 여자 친구들은 자신에게 좋은 물질이나 지위 등 좋은 것이 있을 때는 아끼는 친구처럼 하다가 자신이 가난해지거나 결핍해지면 친구의 마음이 변해서 전혀 모르는 체 하지만, 배움이라는 친구는 그렇지 않고 언제라도 변함없이 자신을 도와주는 진정한 친구입니다. 또한 배움이란 적을 없애는 무기와 같습니다. 왜냐하면, 내면의 적은 항상 무엇을 개발하고 무엇을 제거해야 할지의 핵심을 전혀 모르는 어리석음이라는 큰 적인데, 그 개발과 제거의 핵심을 배우는 바로 그 배움에 의해 그것을 극복할 수 있기 때문입니다. 앞으로의 생生에서 도움이 되는 방법인 법法의 크나큰 행위를 성취하는 데 있어서 배움이 필요하다는 것을 다시 말할 필요가 어디 있겠습니까?

우선 이 생의 행복과 편안함을 성취하기 위해서도 배움이 없으면 잘 성취할 수 없는 것입니다. 예컨대, 우리가 어렸을 때부터 먹는 법, 마시는 법 등을 처음에 부모로부터 배워 점차 알아야 합니다. 그리고 학교 등에 가서 많은 공부를 해야 하는 것도 이 생에서의 행복과 안락을 얻기 위해서는 그 방법을 알아야 하기 때문입니다. 또한 배우지 못하면 알지 못한다는 사실을 보면 어려움과 비용에 대해 망설이지 않고 배우려고 노력하는 것처럼 법과 세속의 모든 행위에 있어서 배움에 의지해야 하는 것이 대단히 중요합니다.

10 사思와 수修 란?
숙고와 수행

문 문·사·수 셋 중에서 사(熟考)는 어떠한 것이라고 알아야 합니까?

답 사(숙고)라는 것은 부처님의 말씀 등을 배우고 그 의미를 올바르게 잘 살펴서 확신을 얻는 사고 과정입니다. 개발하고 제거해야 할 핵심적 가르침의 의미들을 다른 사람에게서 듣거나 스스로 책을 읽는다고 해도 그것들을 생각하고 잘 살펴서 의미의 상황을 검토해 보지 않으면 의미와 일치한다는 분명한 확신이 생길 수 없고 잘못될 수도 있기 때문에, 숙고하고 잘 살펴서 확신을 얻어야 합니다. 배운 뒤에 숙고하고 잘 살펴야 한다는 것은 예컨대, 세상의 상황에 대해서도 다른 사람이 말한 것을 들은 정도로 개가 허파를 만난 것처럼[15] 즉각적으로 믿지 않고 좋고 나쁨을 검토해서 개발하거나 제거해야 하는 것이 대단히 중요합니다. 이해하기 어려운 법의 상황에 대해서는 더욱이 들은 것만으로 그치지 않고 그 의미에 대해 숙고하고 최대한 자세히 검토해서 믿음에 대한 확신을 가져야 하는 것이 당연한 일입니다.

부처님께서도 자신을 따르는 제자들에게 "그대들이 내가 말한 법을 수행하려면 예컨대, 금 전문가가 금을 얻었을 때 처음에 불로 태워서 밖의 색깔에 의해 흠이 있는지 없는지를 보고, 잘라보고서는 안에 불순물이 있는지 없는지를 보고, 그 뒤 다시 돌에 문질러서 알아내기 어려운 미세한 불순물이 있는지 없는지를 보는 등, 태우고 자르고 문지르는 세 가지 검사를 잘 해서 흠이 없는 것을 보면 최고의 금이라고 인정하듯이, 나의 법에 대해서도 경전과 이성을 통해 흠이나 유익함 어떤 것이 있는지 없는지를 잘 살펴서 수행해야 할 것이고 또한 나에 대한 존경 때문에, 내가 말한 모든 것을 글자 그대로 받아들여 수행하는 것은 바람직하지 않다"라고 경전에서 말씀하셨습니다. 따라서 배운 의미에 따라 수행하기 전에 숙고하고 잘 살펴서 확신을 얻어야 하는 것이 중요합니다.

수(수행)에도 일반적으로 공통된 수행과 공통되지 않은 수행 등 많은 종류가 있습니다. 하지만 그 모두를 주요 부분과 종속 부분의 관점에서 정리해 보면 고요함의 수행(사마타 수행)과 통찰의 수행(위빠사나 수행)의 둘로 정리할 수 있습니다. 또 마이트리야께서 "고요함의 수행을 완전히 하고서 통찰의 수행을 하면, 번뇌가 소멸되는 것을 알 수 있으니, 먼저 고요함을 얻게 되면, 세상에 집착이 없는 즐거움을 얻을 수 있다"라고 말씀하신 것처럼, 오래도록 뿌리박힌 번뇌를 뿌리 뽑기 위해서는 번뇌의 뿌리인 아집我執을 없애도록 해야 하고, 그것을 없애기 위해서는 무아를 직접 지각知覺하며 보는 통찰의 지혜가 생겨야 합니다. 그런 특별한 통찰의 지혜가 생기기 위해서는, 먼저 고요함을 얻어야 할 뿐 아니라, 일반적으로 통찰의 수행에도 외도와 불교에 공통된 것과, 불교에 독특한 것 등 여러 가지가 있는데, 그 모두가 먼저 고요함을 얻지 못하면 얻을 방법이 없습니다. 그렇기 때문에 먼저 고요함의 삼매를 닦는 수행을 해야 하는 것이 매우 중요합니다.

고요함이란 혼침昏沈과 들뜸의 두 장애가 제거된 상태에서 마음이 대상에 한 점으로 모여 명료하고, 확고하고, 원하는 만큼 일정하게 머무를 수 있는 삼매의 특질을 가진 것을 가리킵니다. 혼침이란 마음이 마음의 대상에 머물러도 대상은 명료하고 확고하게 유지되어야 하는데, 대상의 명료함의 부분이 약해져서 약간 명료하지 않게 되거나, 명료함은 있는데 확고하게 유지하는 부분이 약해져서 약간 명료하지 않게 되거나, 명료함은 있는데 확고하게 유지하는 부분이 약해져서 유지하는 방식이 느슨해지는 것과 같은 것입니다. 혼침은 삼매와 섞여서 오기 때문에 확인하기가 어렵고, 그것이 일어나면 오점(汚點) 있는 삼매가 되기 때문에 아무리 수행해도 오점 없는 고요함을 얻을 수 없습니다. 그뿐 아니라 마음에 어두움이 내려온 것처럼 무거움과 졸음 등도 일어나기 때문에, 혼침은 알아차리자마자 없애도록 하는 것이 중요합니다. 들뜸이란, 우리들의 마음이 좋은 대상을 생각할 때, 수행 대상에 마음이 한 점으로 머무르지 못하고 애착의 힘에 의해 밖의 애착 대상 등으로 마음이 달려가거나 산란해지는 것을 말합니다.

고요함이란 마음이 대상에 한 점으로 머무르는 일정함(꾸준함)을 주로 얻는 것입니다. 그 일정함이 있고 그것이 약화되지 않으면서 대상을 살피는 특별한 지혜가 일어난 것을 바로 통찰(위빠사나)이라 하고, 그러한 통찰을 얻으면 고요함과 결합된 통찰을 얻었다고도 합니다. 그래서 일반적으로 수행에는 관찰하는 수행과 고정시키는 수행 두 가지가 있는데, 수행할 때 대상을 이성理性 등으로 관찰하는 수행을 관찰 수행이라 하고, 관찰하는 수행은 모두 통찰(위빠사나) 쪽으로 분류되는 수행입니다. 고정시키는 수행은, 수행할 때 대상을 관찰하지 않고 마음이 대상에 한 점으로 머무는 것을 위주로 하는 수행을 고정시키는 수행이라 하고, 고정시키는 수행은 모두 고요함(사마타) 쪽으로 분류됩니다.

11 사마타 수행의 방법

문 그러면 고요함의 수행(사마타 수행)은 어떻게 해야 하는 것입니까?

답 고요함의 수행을 위해서는 내외적內外的으로 좋은 조건들을 갖추어야 하고, 나쁜 조건들이 없어야 합니다. 좋은 조건이란, 고요함을 수행하기 위한 가장 좋은 장소는 땅과 물이 각자의 몸에 맞고, 알맞은 음식과 의복을 얻기 쉽고, 화합할 수 있는 좋은 도반들이 있고, 외부의 나쁜 조건인 불과 물 등의 위험이나 도둑이나 사나운 짐승들의 위험이 적고, 사람들이 많이 오고 가거나 모여서 놀고 웃는 등의 장소가 아니고, 큰 소음 등 삼매를 방해하는 소리가 적은 한적하고 조용한 곳이어야 합니다.

그리고 수행하는 실제적인 방법으로는 우선 육체적 측면에서 〈비로자나 칠지좌법七支坐法〉이라고 불리는, 비로자나 부처님의 앉으시는 방식의 일곱 가지 특징이 있습니다. 수행자도 그렇게 할 수 있으면 좋습니다.

그것은 첫 번째로, 두 다리를 결가부좌할 수 있으면 아주 좋고, 그렇게 할 수 없으면 반가부좌도 좋고, 여하튼 각자의 몸 구조에 맞추어서 두 다리를 편하게 놓고 앉으면 괜찮습니다.

두 번째로, 두 손은 수평으로 놓는데 자신의 배꼽 앞에 왼손이 밑, 오른손이 위로 가도록 놓고 양 엄지손가락을 맞대도록 놓아야 합니다.

세 번째로, 등뼈를 화살처럼 똑바로 해야 하는데, 뒤의 등뼈가 앞뒤나 좌우로 굽어서는 안 되고 똑바로 화살처럼 되어야 합니다.

네 번째로, 두 어깨가 똑바로 자연스럽게 되어야 합니다. 다섯 번째로, 두 눈은 너무 크게 뜨거나 너무 감지 않은 채 코끝을 보는 정도로 해야 합니다.

여섯 번째로, 특별히 이빨을 악물거나 입술을 너무 누르는 등 하지 말고 이빨과 입술 둘을 자연스럽게 둡니다.

일곱 번째로, 혀끝을 입천장에 가볍게 붙여야 합니다.

그리고 고요함을 수행하기 좋은 조건과 몸의 앉는 방식 등이 잘 이루어지면, 고요함 수행의 대상에 마음을 고정시키는 방법은 아주 많이 있습니다. 일반적으로 대상은 어떤 것으로 하더라도 고요함을 얻을 수 있습니다. 예컨대 나무나 돌 등을 대상으로 해서 성취하는 사람도 있습니다. 하지만 부처님과 보살들의 몸·말씀·마음 중 어떤 것이든 적당한 것을 대상으로 하거나, 무엇이든 자신이 믿음을 가진 대상을 수행 대상으로 하는 것이 더 좋습니다. 또한 대상이 실제로 존재하는 것이거나, 자신의 마음에서 상상한 대상이거나 어떤 것이든 편리한 것을 대상으로 해서 자신의 마음이 대상에 먼저 한 점으로 모이는 데서 시작하여, 마지막으로 마음이 자신의 대상에 혼침이나 들뜸의 장애 없이 노력하지 않아도 저절로 머무를 때까지의 9단계에 의지해서 고요함을 성취하는 방법을 말씀하셨습니다.

이러한 가르침들을 요약한다면, 마음이 머무르는 첫 번째 단계는 〈내면으로 고정시킴〉입니다. 처음에는 자신의 마음이 대상에 한 점으로 모였다 또 모였다 하지만 오래 머무를 수는 없습니다. 마음이 머무르는 첫 번째 단계에서 마음은 대상보다도 상념에 의해 자꾸자꾸 흩어져 가고, 그때 자신에게는 상념이 전보다 많아진 것 같은 현상이 나타납니다. 하지만 실제로 상념이 많아진 것은 아닙니다. 마음에 살펴봄이 있기 때문에 상념들이 확인되는 표시로 분명하게 드러나는 것이라고 말씀하셨습니다.

두 번째 단계는 〈오래 고정시킴〉입니다. 마음이 머무르는 첫 번째 단계에서 마음은 자신의 대상에 잠깐씩밖에는 머무르지 못했었는데 그보다 조금 향상되어, 대상에 놓여졌다고 할 정도로 약간 유지될 수 있는 집중 상태입니다.

세 번째는 〈때워서[16] 고정시킴〉의 단계입니다. 마음이 자신의 대상에 머물렀다가 대상으로부터 밖으로 떠나면, 다시 마음을 안으로 돌려 대상에 한 점으로 모이게 하는 시간을 늘려 고정시키는 것인데, 마음의 머무름이 첫 번째와 두 번째 단계에서는 마음의 머무름보다 흩어짐이 길지만, 세 번째 단계에서는 흩어짐보다 머무름이 길어집니다.

네 번째는 〈밀접하게 고정시킴〉의 단계입니다. 주의注意의 힘이 커져서 대상에 지속적으로 고정됩니다. 여기서부터는 대상을 놓칠 수 없기 때문에 앞의 세 단계보다 뛰어납니다.

다섯 번째는 〈길들임〉의 단계입니다. 네 번째 단계에서 주의의 힘이 커서 마음이 안에 너무 머물러 미세한 혼침의 방향으로 갈 위험이 있기 때문에, 그때 '내성적內省的 자각自覺'이 마음을 살펴서 마음이 침체되는 위험이 있는 것을 알아 집중의 공덕을 생각함으로써 마음을 부양시켜야 합니다. '내성적 자각'이란, 마음의 한 구석에서 마음의 허물과 덕성을 살피는 마음의 스파이와 같은 것입니다.

여섯 번째는 〈평화롭게 하는〉 단계입니다. 마음이 머무르는 다섯 번째 단계에서 마음을 너무 부양시킨 허물로서 미세한 들뜸이 올 위험이 큰데, '내성적 자각'이 그것을 알아 바로 멈추게 하는 것입니다.

일곱 번째는 〈완전히 평화롭게 하는〉 단계입니다. 이때는 주의와 내성적 자각의 힘이 완벽해지고, 이때부터 '즐거운 노력'의 힘이 생겨 미세한 혼침과 들뜸도 허물로 찾아내 무엇이든 제거할 수 있으면서 수행하게 됩니다. 다섯 번째와 여섯 번째에서는 혼침과 들뜸 어느 것이든 집중을 흐트러뜨릴 위험이 컸지만, 일곱 번째 단계에서는 '즐거운 노력'의 힘이 생겨서 혼침과 들뜸이 집중을 해쳐 방해할 위험이 적어집니다.

여덟 번째는 〈한 점에 모으는〉 단계입니다. 처음 대상에 한 점으로 일정하게 고정될 때 약간 노력하면 마음의 평형 상태를 유지하는 동안 미세한 혼침이나 들뜸의 미세한 허물도 없이 마음의 평형 상태의 기간을 자신이 원하는 만큼 늘릴 수 있습니다.

아홉 번째는 〈평등하게 고정됨〉의 단계입니다. 마음이 머무르는 여덟 번째 단계에서는 미세한 노력에 의지해야 했지만 여기에서는 노력에 의지하지 않고 자신의 대상에 머무르는 기간을 원하는 만큼 유지할 수 있습니다. 이러한 마음이 머무르는 아홉 단계와, 집중의 방해 요소인 게으름 등의 다섯 가지 해로운 요소와, 그것들을 없애는 노력 등 없애는 조건 여덟 가지를 얻는 방법과, 또한 마음이 머무르는 위의 아홉 가지를 여섯 가지 힘으로 성취하는 방법과, 마음이 머무르는 아홉 가지를 마음 작용 네 가지로 요약한 방법 등이 마이트리야 존자의 『경장엄론經莊嚴論』·『변중변론辨中邊論』과 그 주석서 등과, 까말라실라의 『수습차제修習次第』, 쫑카빠 존자의 대소大小 『람림』 등에 자세하고 넓게 언급되어 있는데, 그것들 중에서 여기에서는 마음이 머무는 9단계를 확인하는 방식의 일부를 간추려 말한 것입니다.

자세한 내용에 대해서는 선우善友이신 스승의 지침과, 위의 경전들을 스스로 잘 공부해서, 마음의 흐름 속에 들어가도록 하여 이해해야 합니다. 마음이 머무르는 9단계 등의 모든 단계들이 잘 진행되면, 마침내 진정한 고요함을 얻을 수 있습니다. 진정한 고요함이 어떤 것이냐 하면, 마음이 머무르는 9단계의 수행 중 마음이 혼침과 들뜸으로부터 벗어나 자신의 대상에 노력 없이 오랫동안 각자가 원하는 만큼 머무를 수 있게 된 뒤에 몸과 마음 둘이 집중 수행에 아주 많이 적응된 덕분에 몸과 마음 둘에 유연한 행복감이 일정하게 유지되면, 마음에 집중 수행을 좋아하지 않는 것 같은 싫어함이나, 몸이 무거워지는 등의 불편한 부분들이 없어져, 몸과 마음에 삼매에서 생긴 행복함의 특별한 체험이 각각 일어나게 됩니다. 또한 처음에는 삼매에 해를 끼칠 것 같던 거친 행복감이 일어나는 것도 적어지고, 마침내 몸과 마음의 거친 행복감도 나타나지 않는, 허물없는 특별한 삼매를 얻게 되는 때가 진정한 고요함을 얻은 것입니다. 고요함의 이러한 삼매를 얻게 되면, 그것에 의지해서 불교와 외도에 공통된 선정禪定과, 천안통天眼通, 신통神通 등 한량없는 공덕과, 불교만이 가진 소·중·대 삼승三乘의 도과道果 등의 헤아릴 수 없는 공덕을 얻을 수 있습니다.

티베트 불교문화

제2부

12 소 중생·중 중생·대 중생의 분류 기준

문 불교 내에서 모든 사람을 대大·중中·소小 셋으로 말하는 것은 어떤 기준으로 나눈 것입니까?

답 모든 사람을 대·중·소 셋으로 말하는 것은 신체의 크기나 재물의 크기, 세속적인 지위의 높낮이 등 그런 어떤 관점에 의해서도 나누는 것이 아닙니다. 그러면 어떻게 하는 것이냐 하면 법法의 측면에서 마음의 크기와 책임감의 크기에 따라서 정하는 것입니다. 그러한 관점에서 모든 사람을 대·중·소로 분류합니다. 소 중생을 다시 그 안에서 단순 소 중생과 특별 소 중생 둘로 분류하기도 하고, 또 어떤 사람들은 소소小小·중소中小·대소大小 셋으로 분류하는 방법도 있습니다. 어쨌든 소 중생들은 이생에서의 행복과 안락함 정도나, 다음 생에 인간이나 천상 등 선도善道로 분류되는 윤회계의 행복 정도를 주로 추구할 뿐 모든 윤회로부터 벗어나는 해탈이나 일체지자一切智者의 경지를 위주로 추구하지 않는 사람을 가리킵니다. 또한 이생에서만의 행복과 편안함 이외의 다음 생부터에 대해서는 전혀 생각하지 않는 이러한 중생을 단순 소 중생이라 하고, 다음 생의 삼악도三惡道의 고통을 두려워하여 인간이나 천상의 선도의 경지를 추구하는 사람을 특별 소 중생이라고 합니다.

또한 소 중생 안에서도 대·중·소 셋으로 나누는 관점에서 본다면, 종교에 대한 생각은 전혀 없이 적은 정복하고 친구는 보호하려 애쓰는 등 이생에서의 행복과 안락함 정도를 주로 추구하는 사람을 소소 중생이라 하고, 중소 중생이란 삼보에 대한 귀의와 예경·보시 등의 법에 대한 생각을 가장하고는 있으나, 어찌되었든 이생에서의 먹고 마시고 즐기는 일과 행복과 안락함, 명성, 장수 등을 위주로 이생만을 위해 노력할 뿐 다음 생을 위해서는 별로 배려하지 않기 때문에 중소 중생이라 부릅니다. 따라서 중소 중생들이 귀의 등 법을 행하는 것처럼 가장해도 사실은 이 세상만을 위해서 하는 것이기 때문에, 거짓된 법에서 진실한 법으로 가지 않습니다. 대소 중생이란, 이생에 오래 머무를 수 없는 것과 선행과 악행의 인과에 믿음을 얻어 다음 생에 악도에 태어날까 의심하면서 두려워하고 겁을 내서, 인간과 천상의 선도의 지위를 주로 얻으려 하고, 그것을 위해 삼보에 귀의하고, 악업을 짓지 않고 선업을 쌓는 것을 위주로 노력하는 사람들을 가리킵니다. 따라서 이 대소 중생은 악도의 고통을 나쁜 걸로 보고 두려워하고 겁을 내지만, 윤회에 속하는 선도 중생으로 태어나는 것은 나쁜 걸로 보지 않고 좋은 걸로 보면서, 그것을 주요 목표로 노력하기 때문에, 이들은 윤회계의 한 쪽을 나쁜 걸로 보고, 다른 한 쪽을 좋은 걸로 보아 모든 윤회로부터 벗어나는 해탈을 위해 노력하지 않습니다.

중 중생이란 생각의 관점에서 대소 중생보다 낫습니다. 왜냐하면, 중 중생은 악도의 고통을 나쁜 걸로 보아 두려워할 뿐 아니라, 윤회에 속하는 천상과 인간계 같은 선도의 행복과 안락함도 나쁜 걸로 보고, 모든 윤회계를 고통의 본질을 가진 불구덩이와 같은 두려움을 낳는 곳으로 여겨서 자기 혼자서 모든 윤회로부터 벗어나는 해탈을 위주로 노력하기 때문이고, 그런 사람을 중 중생이라고 합니다.

대 중생이란, 중 중생보다 생각하는 방식에서 훨씬 낫습니다. 왜냐하면, 중 중생이 자기 혼자서 윤회의 고통으로부터 벗어난 평화와 행복을 주로 얻으려 하는 것과 달리 대 중생은 모든 중생을 사랑하고, 가엾이 여기는 마음을 닦습니다. 세상의 착하고 친절한 부모들이 자신보다 자녀들을 아끼고 자신들의 일을 뒤로 미루고 자녀들을 위해 많은 어려움을 감당하며 그들을 위하는 것처럼, 대 중생들도 자기 혼자만의 평화와 행복의 생각을 버리고 자기보다 타인을 더욱 사랑합니다. 다른 사람의 고통을 없애고 행복을 얻게 해주려는 책임감이라는 훌륭한 생각을 가진 사람들을 대 중생이라고 합니다.

13 소 중생의 수행방법 1
죽음의 무상성

문 세 가지 중생 각각의 수행 과정에 있어서의 주요한 차이점은 어떠한 것입니까?

답 세 가지 중생이 얻고자 하는 주요 대상이나 바라는 바의 핵심에 큰 차이가 있는 것처럼, 그것들을 얻는 방법인 주요 수행방법에도 그만한 차이가 있습니다. 예컨대, 소 중생 같은 경우 단순 소 중생과 특별 소 중생 둘이 있는데, 세 가지 중생들의 수행방법을 확인할 때에는 특별 소 중생의 수행 길부터 확인해야 합니다. 단순 소 중생의 경우는 앞에서 말한 것처럼 이생에서의 외형적 행위 이외의 다음 생을 위한 행위는 하지 않기 때문에, 법을 수행하는 부류에 들어가지 않습니다. 이러한 까닭에 특별 소 중생의 부류에 포함되기 위해서는 이 생의 음식, 의복, 명예 세 가지의 행복과 안락함에 의지하지 않고, 다음 생을 위해 주로 시선을 돌려야 합니다. 또한 다음 생에 삼악도에 태어나는 것을 두려워하며 천상과 인간계의 선도의 상태를 주로 얻으려는 사람이어야 합니다.

따라서 그가 생각하고 명상수행할 때에 주요한 것은, 먼저 유익하고 얻기 어려운, 풍부함과 여유가 있는 이 인간의 몸이 오래 머무르지 않고 반드시 죽는다는 사실과, 언제 죽을지 확실하지 않다는 것과, 죽음의 때에 법 이외에는 다른 어떠한 것도 도움이 되지 않는다는 사실을 생각하고 명상해야 합니다. 그리고 죽은 뒤에는 아무 것도 없는 곳으로 가는 것이 아니고 반드시 다시 태어난다는 사실과, 태어나는 곳에는 악도와 선도 두 가지밖에 없다는 사실을 확인해야 합니다. 악도 중생으로 태어나면 삼악도 각각의 고통에 어떤 것들이 있는가 생각해야 합니다. 선도 중생으로 태어나면 인간과 천상의 선도의 뛰어난 행복과 안락함이 주는 이익들을 생각해야 합니다. 그것들을 얻기 위해서는 삼보에 귀의해야 한다는 것과, 악도 중생으로 태어나는 원인인 열 가지 악업을 제거해야 한다는 것과, 선도 중생으로 태어나는 원인인, 십악+惡을 제거하는 십선+善의 계율을 올바로 지켜야 한다는 것 등이 소 중생의 경우 주로 수행해야 할 법들입니다. 소 중생들이 주로 수행해야 하는 방법들은 중 중생과 대 중생의 경우에도 주로 수행해야 하는 것들은 아니지만, 공통되게 수행해야 하는 것들입니다. 왜냐하면, 윗 단계의 주요 수행방법들을 아래 단계에서 수행할 수는 없지만, 아래 단계의 수행을 하지 않으면 윗 단계의 특별한 방법들에 들어갈 수 없기 때문입니다. 그래서 아래 단계에서 수행해야 하는 것들이 대부분 윗 단계와도 공통되는 것입니다.

자, 이제 소 중생의 경우 수행해야 할 첫 번째인 〈죽음의 무상성〉에 대해 명상하는 법을 대·소『람림』등에서 말씀하신 것을 대략적으로 말해보겠습니다. 〈죽음의 무상성〉에 대해 명상하는 것은 대단히 중요하고, 크게 도움이 됩니다. 〈죽음의 무상성〉에 대해 명상하여 이생이 오래 지속되지 않는다는 사실을 알아 이생의 겉모습에 대해 생각하던 것을 돌이켜서, 다음 생에서부터의 의미를 깨우치도록 이끌어가는 중요한 것이 바로 이것입니다. 죽음을 상기하지 않으면 이생에 오래 머무르기 위한 준비를 하게 되고, 그것을 위해 음식·의복 등의 생계수단과 행복·안락함·명예 등을 얻기 위해 머리를 쓰면서 다음 생을 위해서는 아무 것도 하지 않게 됩니다. 예컨대, 먼 길을 가는 사람이 있을 때, 도중의 여관에서 하룻밤 머무르면, 그는 내일 길을 갈 준비를 할 뿐, 그곳에서 오래 머무를 준비는 하지 않는 것처럼, 〈죽음의 무상성〉을 상기하면 다음 생에서부터의 준비를 할 뿐 이생을 위한 준비를 하지 않게 됩니다. 그렇기 때문에 부처님께서는 모든 지각知覺 중에서 〈무상성〉의 지각이 최고이고, 모든 발자국 중에서는 코끼리 발자국이 최고라고 말씀하셨습니다. 왜냐하면, 코끼리는 그 몸이 매우 크기 때문에 다른 모든 동물들의 큰 발자국을 다 포용하는 것처럼, 〈무상성〉을 명상하는 지각이 이 세상에서 뭔가를 얻으려 하는 생각을 멀리 버리게 하고, 다음 생의 행복에 대한 생각을 강력하게 끌어냄으로써 악업을 제거하고 선업을 짓게 하는 등 올바른 법을 행하도록 인도하는 데 있어 큰 발자국을 남기기 때문입니다.

죽음에 대해 명상하는 방법으로는 죽음의 확실함에 대한 명상과, 언제 죽을지는 확실하지 않다는 생각, 죽을 때 법 이외에는 어떤 것도 도움이 되지 않는다는 생각 등 세 가지를 말씀하셨습니다. 그 세 가지 각각을 잘 생각하고 가끔 명상하면, 그 각각은 서로 다른 큰 발자국을 남깁니다. 예컨대, 죽음의 확실함을 세심하게 살펴서 다음 생의 의미를 확실하게 깨우쳐야 한다는 것을 알게 됩니다.

두 번째로, 언제 죽을지 확실하지 않음을 살펴서 다음 생에 도움이 되는 방법을 얻기 위해서는 내일 하고, 모레 한다고 생각하는 상태에 머무르지 않고, 지금부터 즉시 해야 한다고 알게 됩니다.

세 번째로, 죽을 때 법 이외에는 어떤 것도 도움이 되지 않는다고 살핌으로써 다음 생에 도움이 되는 방편으로서는 왕 등의 권력이나, 아주 아끼는 친척이나 친구나, 금·은 등의 물질 어떤 것도 도움이 되지 않는다는 것을 알게 됩니다. 자기 태어날 때 생겨난 육체조차도 도움이 되지 않습니다. 죽을 때는 마치 버터 안에서 터럭을 건져내는 것처럼 모두 남기고 홀로 가야 합니다. 그때 데리고 갈 친구는 수승한 법밖에 없다고 이해하게 됩니다. 수승한 법을 올바로 성취하기 위해서는 확실하게 노력하게 됩니다. 죽을 때 확실히 도움이 되는 친구는 수승한 법 선업善業이며, 그때 확실히 피해를 주는 적은 악업惡業입니다. 그 두 가지는 육체와 그 그림자처럼 자신과 함께 가게 됩니다.

소 중생의 경우, 죽음의 무상성에 대해 잘 생각해 보면, 죽은 뒤에 아무 것도 없는 곳으로 가는 것이 아니라 반드시 태어나야 합니다. 태어남에도 악도나 선도 둘 이외에는 갈 곳이 없기 때문에, 다음 생에 가서 태어날 그 두 곳의 행복과 불행이 어떻게 오고, 오지 않는지와, 행복과 불행 둘의 원인인 희고 검은 업보業報에 관해서 자세히 생각하면서 명상해야 합니다. 또한 다음 생에 가서 태어날 두 곳의 행복과 불행이 어떤 것인지 생각해 보면, 소 중생의 경우는 선도 중생의 고통은 생각하지 말고 악도 중생의 고통을 위주로 생각해야 합니다. 악도 중생에는, 축생·아귀·지옥 중생 세 가지가 있습니다. 그들 각각의 고통을 여기에서 자세히 말하면 너무 많아지기 때문에, 주요한 몇 가지를 이름 정도만 말해 본다면, 축생에게는 어리석음과 무명無明이 있고, 큰 것이 작은 것을 잡아먹고 작은 것이 큰 것을 잡아먹는 등 서로 먹고 먹히는 고통이 있고, 다른 중생들에게 지배당하여 일을 해야 하고 꾸짖음을 당하는 등의 고통이 많습니다.

마찬가지로 아귀에게는 배고픔과 목마름의 고통이 있습니다. 예컨대, 어떤 아귀들은 먹고 마시고 싶어서 겁劫에 이르도록 찾아도 얻지 못합니다. 어떤 아귀들은 먹고 마실 것을 얻은 것 같은데도 그중 내면의 장애가 있는 아귀들은 배는 너무 크고, 목구멍은 너무 좁아서 음식이 안으로 들어갈 수 없습니다. 외면의 장애가 있는 아귀들은 먹고 마시려고 갔을 때, 다른 중생들이 무기 등을 손에 들고서 음식과 음료들을 먹지 못하게 지키는 걸 보고 먹지 못합니다. 또는 음식과 음료들을 보고 먹으려 할 때 고름이나 피 등 먹기에 적합하지 않은 걸로 변해 먹지 못하는 등 참을 수 없는 고통들이 나타납니다.

지옥 중생에게는 축생이나 아귀보다도 훨씬 더 큰 고통이 많이 있습니다. 예컨대, 경전과 논서 등에서 말씀하신 방식이 많지만, 일반적으로 지옥은 열여덟 가지로 나누어집니다. 그 중 대열 지옥大熱地獄 8개는, 양쐬 · 팅낙 · 뒤좀 · 응

우뵈·웅우뵈첸보·차와·랍차·나르메 등입니다. 한 지옥(寒地獄) 8개는 추부르쩬·추부르될·아추세르와·께휘세르와·소탐빠·우따빠라따르게빠·뻬마따르게·뻬마따르체르게빠 그것들에 더해서 네코르와, 니체와 두 가지를 합하면 열여덟 가지가 됩니다. 이러한 열 지옥 8개는 뒤로 갈수록 고통이 훨씬 더 크니, 예컨대, 양쒜보다는 팅낙의 고통이 더 크고, 나르메의 고통이 가장 큽니다. 마찬가지로 한 지옥 8개도, 뒤로 갈수록 고통이 두 배로 커집니다. 이러한 지옥 중생은 고통이 클 뿐만 아니라 수명도 매우 깁니다. 예컨대, 한 지옥의 첫 번째인 추부르쩬에서의 수명은 〈아비달마〉에서 말씀하신 바에 의하면, 마가다국(부처님께서 주로 활동하셨던 나라)의 참깨 80칼(부피 단위)을 담은 통에서 백년이 지날 때마다 참깨를 하나씩 꺼내 통 안의 참깨가 다 없어지는 기간이 추부르쩬에서의 수명이라 하셨고, 그 아래의 한 지옥들에서는 윗 단계보다도 20배씩 수명이 길어진다고 하셨습니다.

14 소 중생의 수행방법 2
십악과 십선

마찬가지로 소 중생의 경우 생각하고, 명상해야 할 중요한 것 중의 하나는, 행복과 불행 두 가지의 원인인 하얀 선업과 검은 악업의 원인과 결과에 대한 것입니다. 행복과 불행의 원인인 희고 검은 업과 과보를 잘 모르면 우리가 고통을 원하지 않으면서도, 그것의 진정한 원인을 알지 못함으로써 고통의 원인을 이루는 많은 행위들을 계속적으로 일으킵니다. 마찬가지로 행복을 얻고 싶은 생각이 있으면서도, 행복의 원인을 행복의 원인으로 알지 못하기 때문에 그 원인들을 원수처럼 파괴하여 없애게 됩니다. 그렇기 때문에 행복의 원인인 하얀 선업과, 고통의 원인인 검은 악업 두 가지의 인과의 상황을 잘 아는 것이 대단히 중요합니다.

선업과 악업들을 대략적으로 분류해서 중요한 열 가지 각각을 부처님께서 말씀하셨습니다. 그 가운데에서 먼저 검은 악업 열 가지부터 확인하면 그것들을 제거하는 선업 열 가지의 확인도 쉽습니다. 따라서 우선 악업 열 가지를 확인해서 간단히 말해보자면, 몸으로 짓는 악업 세 가지는 살생·도둑질(주지 않은 것을 가짐)·사음입니다. 말로 짓는 악업 네 가지는 거짓말·이간질·욕설·터무니없는 말입니다. 마음으로 짓는 악업 세 가지는, 탐심·진심·사견입니다. 또 열 가지 악업 각각에는 대상·생각·행위·결과의 네 가지가 있고, 그 네 가지가 모두 갖춰지면 열 가지 악업 각각의 실질적인 업이 완성됩니다. 예를 들어 살생에 대해 개략적으로 말하면 다른 것들도 그에 비교해서 알 수 있기 때문에, 다른 것들의 각각의 특성은 여기에서는 요약 정도로만 하고 자세히 말하지는 않겠습니다. 그래서 살생 중에서 양을 죽이는 살생을 예로 들어보면 어떤 양을 죽이든 그 양이 '대상'이고, '생각'에는 다시 그 안에 번뇌煩惱와 동기動機, 지각知覺 셋이 있습니다. 또 번뇌에는 다시 탐욕·분노·어리석음 셋이 있습니다. 예컨대, 탐욕으로 살생하는 것은 고기 등에 집착하여 중생을 죽이는 것이고, 분노로 살생하는 것은, 살생하는 데 있어 화를 내면서 죽이는 것이고, 어리석음으로 살생하는 것은, 중생을 죽여 공양을 올리면 선업이 된다고 생각하며 죽이는 것입니다. 동기란, 어떤 살생을 하든 살생하는 중생의 내면으로부터의 죽이고 싶다는 마음입니다. 지각이란, 살생하는 순간에 살생하고 싶어 하는 중생이 저것이라고 지각하는 그것입니다. 그러한 생각을 하고서 '행위'한다는 것은, 총이나 칼 등으로 자신이 죽이거나, 다른 사람에게 죽이도록 시키는 행위 두 가지 모두입니다. '결과'란, 행위가 조건이 되어 살생한 중생이 죽으면 결과가 이루어지는 것이고, 그때 살생의 실질적인 업 또는 진정한 업이 완성되는 것입니다.

두 번째 주지 않은 것을 가진다는 것은 다른 사람이 가지고 있는 물건 등을 삼독(탐·진·치)의 어떤 것에 의해서든 훔치기를 원해서 다른 사람에게 충분히 가치 있는 어떤 것을 훔쳐 마침내 다른 사람의 물건을 나의 것으로 얻었다고 생각하는 마음이 일어나면 진정한 〈주지 않은 것을 가진〉 업이 생긴 것입니다.

세 번째 사음이란 자신의 부인이 아닌 다른 사람의 부인과의 행위나, 자신의 부인이라 하더라도 적절치 않은 때인 임신했을 때라거나 하루 동안 수행 계율을 지키고 있을 때라거나, 적절한 부위가 아닌 다른 구멍을 통해서라거나, 적절한 장소가 아닌 탑 등의 앞에서 하는 성행위 등을 가리킵니다.

말로 짓는 네 가지 악업은 먼저 거짓말이란, 눈으로 본 것을 보지 않았다고 하거나, 안 본 것을 보았다고 하고, 마찬가지로 귀로 듣지 않은 것을 들었다고 하거나, 아는 것을 모른다고 하는 등 세 가지 독의 어떤 것에 의해서든 의도적으로 다른 사람에게 거짓말하는 것을 다른 사람이 들은 것 등입니다. 두 번째 이간질이란, 친하거나 친하지 않은 중생들을 '대상'으로 하여 삼독三毒 중 어떤 것에 의해서든 친한 중생들은 친하지 않게 만들고 싶어 하고, 친하지 않은 중생들은 더 멀어지도록 하고 싶은 '생각'으로, 친하거나 친하지 않은 중생들 사이에서 화나게 하는 말을 하는 '행위' 예컨대, "당신에게 그가 이러이러한 나쁜 말을 하고 있다"는 등 두 사람 서로의 사이에서 화를 내게 함으로써 친한 중생들은 친하지 않게 하고, 친하지 않은 중생들은 더욱 멀어지도록 하는 등의 '결과'를 가져오게 하는 것입니다. 세 번째로 욕설은, 삼독三毒의 어떤 원인에 의해서든 타인에게 도둑놈이니 귀머거리니 하면서 타인의 몸·말·마음 세 가지나, 행동 등에 대해 비난의 욕설을 하는 것입니다. 네 번째 터무니없는 말이란, 삼독의 어떤 것에 의해서든 불필요하게 자기 마음이 내키는 대로 횡설수설 하는 것 같은 것입니다.

마음의 악업 세 가지는 탐심·진심·사견입니다. 탐심이란, 다른 사람의 물건을 볼 때 저것이 내 것이었으면 하고 생각하는 것처럼 마음이 다른 사람의 소유물에 욕심을 내는 것이고, 진심이란, 다른 사람을 때리거나, 묶거나, 죽이는 등 해를 입히고 싶어 하는 마음이고, 사견이란, 불·법·승이 진리가 아니라거나, 전생과 내생이 진리가 아니라거나, 이생에 선업을 지으면 다음 생에 행복해지고, 이생에 악업을 지으면 고통을 받는다는 것이 진리가 아니라고 말하는 등의 잘못된 견해를 말합니다. 악업 열 가지의 과보에는 〈성숙의 과보〉·〈원인과 일치하는 과보〉·〈조절하는 과보〉의 중요한 것 세 가지가 있습니다. 큰 악업을 지으면 〈성숙의 과보〉는 지옥 중생이고, 중간 악업이면 아귀, 작은 악업이면 축생으로 태어납니다. 그래서 예컨대, 살생의 경우 살생의 소·중·대 세 가지 업이 성숙되면 삼악도에 태어납니다. 살생의 〈원인과 일치하는 과보〉에는 〈원인과 일치하는 체험〉과 〈원인과 일치하는 행위〉 두 가지가 있습니다.

〈원인과 일치하는 체험〉이란 살생의 〈성숙의 과보〉인 악도에서의 체험이 끝나고 그 뒤 사람으로 태어나더라도 수명이 짧거나, 피할 수 없이 다른 사람에게 살해되거나, 많은 병 등이 나타나거나 하는 것입니다. 마찬가지로 〈원인과 일치하는 행위〉란, 앞 생에서 살생에 습관이 되어 있어서 그 결과 이생에서도 다른 생명을 살생하기를 좋아하는 등입니다. 〈조절하는 과보〉란, 외부의 물질적 측면에서 성숙되는 것입니다. 예컨대, 외적인 생활용품이 불이나 물 등으로 해를 입거나, 서리나 우박 등으로 작물이 망가지거나 하는 등의 나쁜 과보나, 힘이 나약해지거나 하는 것입니다. 열 가지 검은 악업의 인과를 이 정도로 요약하고, 하얀 선업에 대해 말해보자면, 악업 열 가지를 하지 않는 것만으로 선업이 되는 것이 아니고, 악업 열 가지들이 각자에게 나쁜 결과를 가져오는 걸 보고, 그것들을 의도적으로 제거하려 하고 억제하려 하는 열 가지 행위를 열 가지 선업의 길이라고 합니다. 이런 악업 열 가지를 제거하는 계율을 잘 지켜야 천상이나 인간의 선도에 태어나게 됩니다. 또한 선업을 작게 지으면 인간, 중간으로 지으면 욕계의 천신, 크게 지으면 더 높은 세계의 행복과 안락함을 단계적으로 얻습니다.

15 중 중생의 수행방법 1
사성제와 고성제

문 중 중생의 경우 주로 수행하는 것은 어떤 것입니까?

답 중 중생이란, 악도의 고통뿐만 아니라 윤회계의 모든 고통으로부터 벗어나는 해탈을 주로 얻으려는 사람이기 때문에, 윤회계로부터 벗어나서 해탈하려는 생각을 크게 일으켜서 윤회계의 허물을 보고, 윤회계에 대한 아주 큰 슬픔을 가슴 깊은 곳으로부터 일으키지 않으면 그곳으로부터 해탈하기를 원하는 생각이 강하게 일어나지 않습니다. 예컨대, 죄인이 감옥에 있으면서 슬픈 느낌이 없이 그곳에서 안락하고 좋다는 생각을 한다면 그곳으로부터 벗어나고자 하지 않을 것이고, 그것이 없으면 벗어나려는 수단을 강구하지 않는 것과 같습니다. 그런고로 윤회계에서 벗어나는 방법인 수행에 대해 부처님께서는 고성제·집성제·멸성제·도성제 네 가지를 말씀하셨습니다. 그 네 가지란 윤회계에서 윤회하는 인과의 관점인 두 가지와, 윤회계로부터 벗어나는 인과의 관점인 두 가지입니다. 무슨 말이냐 하면 윤회계에서 윤회하는 원인은 집성제인데 예컨대, 윤회계에서 윤회하는 원인은 선업과 악업 또 그 업들을 일으키는 번뇌 삼독과 같은 것들입니다. 윤회계에서 윤회하는 결과의 측면인 고성제란 예컨대, 업과 번뇌 때문에 생겨난 고통의 쌓임(오온五蘊) 같은 것입니다. 또한 윤회로부터 해탈하는 원인인 도성제는, 아집我執을 뿌리에서부터 제거하여 무아無我를 직접 지각함으로써 깨달은 지혜 등 삼학三學으로 요약되는, 아리야(깨달은 성자)들의 마음의 흐름의 길입니다. 삼학이란 계戒·정定·혜慧의 배움입니다.

윤회로부터 해탈한 결과를 멸성제라고 부릅니다. 도성제의 힘으로 윤회의 원인인 업과 번뇌를 뿌리 뽑아서 고통의 원인들로부터 벗어난 것입니다. 따라서 중 중생의 경우 사성제의 상황을 잘 알아서 개발과 제거를 해야 하는 것이 수행의 요점입니다. 사성제의 의미를 실제로 일어나는 방식으로 순서를 정해 보면, 처음이 원인인 집성제, 그 다음이 결과인 고성제, 고통의 원인들을 제거하는 방법인 도성제, 그에 의거하여 고통의 원인들로부터 벗어나는 멸성제의 순서대로 일어납니다. 하지만 부처님께서는 사성제의 법륜을 굴리실 때 결과인 고성제를 먼저 말씀하시고, 그 뒤에 고통의 원인인 집성제를 말씀하시고, 그리고 윤회로부터 해탈한 결과인 멸성제를 말씀하시고, 마지막으로 윤회로부터 해탈하는 방법인 도성제를 말씀하셨습니다. 그렇게 말씀하신 것은 사성제의 상황을 이해하는 관점에서 개발하거나 제거하고자 하는 생각을 일으키는 방식의 순서에 맞추어서 말씀하신 것입니다. 무슨 뜻이냐 하면, 환자가 병으로부터 벗어나는 방법에 들어가는 순서와 같은 것입니다. 우리들은 병에 걸리면 우선 병의 고통과 그 허물을 확인하고, 병의 허물을 보면, 그것의 원인으로 어떤 것이 있는지 없는지 원인을 살피는 생각을 일으키고, 살펴서 병의 원인을 확인하면 병의 원인으로부터 회복되어 행복을 얻고자 하는 생각이 일어나고, 그 생각이 일어났을 때 병으로부터 낫게 하는 방법인 약을 먹고자 하는 생각을 단계적으로 일으킵니다. 이와 마찬가지로 해탈하려고 노력하는 사람들도 먼저 윤회의 고통의 불편함을 잘 생각하여 고성제를 이해해야 하고, 그것을 이해한 뒤 그 고통이 무엇으로부터 생겼는지, 원인이 무엇인지를 생각하여, 원인이 모여서 일어나는 진리인 집성제를 살피고, 원인이 모여서 일어나는 그것을 살필 때 고통의 원인으로부터 벗어나는 멸성제를 얻고자 하는 마음이 일어나고, 그 마음이 일어났을 때 고통으로부터 벗어나는 방법인 도성제를 닦으려고 하는 마음이 일어나는 것이 순서대로 일어납니다.

그래서 먼저 윤회의 고통을 생각하여 그 불편함을 알아야 합니다. 그렇기 때문에 윤회의 고통을 생각한다는 것에 어떤 것이 있느냐 하면, 윤회의 일반적인 고통을 생각하는 것과 특정한 고통을 생각하는 방식 두 가지가 대·소『람림』등에 자세히 말씀되어 있습니다. 그 중에서 약간만 정리해서 말해보자면, 먼저 윤회의 일반적 고통에는, 〈확실성 없음의 고통〉 등 여덟 가지 고통을 생각하는 방식과, 여섯 가지를 생각하는 방식, 세 가지를 생각하는 방식 등을 말씀하셨습니다. 그 중에서 두 가지만 말해 보면, 예컨대 〈확실성 없음의 고통〉이란, 이 윤회계에서 태어난 이후로 적과 친구, 안락함과 고통 등에 확실함과 신뢰성이 없이 서로 뒤바뀌고 변하는 고통이 많습니다. 또한 자신의 큰 원수가 친구로 변하기도 하고, 큰 친구가 원수로 변하기도 하는 등의 역사를 이생에서도 우리들은 보아왔고 또 보고 있습니다. 다른 시대의 경우를 예로 들어 보면, 예전에 어떤 집의 뒤에 연못이 있었고, 그 집의 아버지가 그

연못에서 항상 물고기를 잡아먹었습니다. 그 아버지는 죽어, 이전에 물고기에 집착한 까닭에 나중에 그 집 뒤 연못에서 물고기로 태어났고, 어머니는 가족에게 집착해서 죽어 그 집의 개로 태어났으며, 그 집안의 큰 원수였던 사람은 그 집 며느리에게 집착해서 죽은 뒤에 며느리의 아이로 태어나 있을 때, 하루는 그 집 부인의 남편(물고기가 된 아버지의 아들)이 자기 아버지인 집 뒤 연못에서 물고기로 태어난 그 물고기를 죽여 그 물고기의 살을 먹고, 자기 어머니의 환생인 개가 물고기 뼈를 먹으려 하자 그 개를 때리고, 그들 원수의 환생인 아이를 무릎 위에 데리고서는 더할 수 없이 사랑하고 있었습니다. 그것을 부처님의 성문제자인 사리불이 신통력으로 보고 이렇게 말씀하셨습니다. "아버지의 고기를 먹으며 어머니를 때리고, 죽인 원수는 무릎 위에 올려놓고, 부인은 남편의 뼈를 씹으니, 윤회의 법에 웃음이 나는구나." 그처럼 원수와 친구에 확실성이 없듯이, 지위가 높고 낮음에도 확실성이 없어 왕처럼 지위가 높아도 다음 생에 가장 낮은 하인으로 전락하기도 하고, 안락함과 고통에도 확실성이 없어 예컨대, 땅·재물·생활용품·하인 등이 다른 이에게 비교할 수 없을 만큼 훌륭하다가도, 다음 생에는 아주 가난한 거지 중에서도 상거지로 바뀌는 등의 일이 일어났고 또 일어나고 있습니다. 또한 두 번째 〈만족 없는 고통〉이란, 우리들은 이 윤회계에서 행복과 안락함을 약간 얻어도 거기에서 만족감이나 충만감을 얻을 수 없습니다. 예컨대, 음식·의복·생활용품·지위 등을 가지게 되어도 거기에 만족하지 못해 그보다 더 많고 더 좋은 것 등을 원해서 그를 위해 힘든 일을 하기도 하는 등 그것들을 얻지 못하는 데에서 오는 고통이 많이 있습니다. 이전의 역사에서도 부처님의 아주 오랜 전생 중에 〈만다타(自乳輪王)〉라는 왕으로 태어나신 적이 있었는데, 그는 대단히 부와 권력이 많아서 먼저 이 남섬부주를 통치했고, 다시 다른 대륙들도 점차적으로 지배해서 네 대륙 모두를 지배하는 전륜성왕이 되었습니다. 그렇지만 만족하지 못하고 수미산 정상에 가서 삼십삼천의 신들의 왕인 인드라의 왕좌의 반을 차지할 수 있었습니다. 그래도 그(만다타)는 만족하지 못하고 인드라의 권력을 모두 차지해야겠다고 생각하여 차지할 방법을 모색하다가 이전에 지은 좋은 업의 과보가 다 해서 어쩔 수 없이 땅에 떨어졌습니다. 마찬가지로 20세기 중 이 남섬부주에서 유명한 독일 히틀러의 역사도 만족하지 못하는 것의 허물로 인해 일어났던 것입니다. 그처럼 몸을 계속 버리면서 계속 태어나는 고통과 계속해서 위 아래로 오르내리는 고통이 많이 있습니다. 예컨대, 때로는 천신이나 인간의 좋은 몸을 얻고, 음식·의복 등의 윤회계의 가장 좋은 물질들을 즐기고, 천신과 인간의 예쁘고 사랑스러운 아들, 딸들과 더불어 재미있는 놀이를 하는 등 윤회계의 행복을 누립니다. 그러다가도 다시 그러한 몸을 어쩔 수 없이 버려야 해서, 죽어 악도에서는 몸과 불이 하나 되어 타는 등 뜨거움과 차가움의 많은 고통을 경험해야 하고, 아귀의 몸을 얻으면 온 생 동안 음식과 의복을 얻지 못해 배고픔과 목마름의 고통을 가진 본성으로 변해야 하는 등 크고도 많은 고통을 겪어야 합니다.

16 중 중생의 수행방법 2
고성제

윤회의 일반적 고통에 대해서는 짧막하게 요약했습니다. 특별한 각각의 고통에 대해 생각해 보면, 악도의 고통을 생각하는 방식은 소 중생의 경우에 요약해 마쳤기 때문에, 이번 중 중생의 경우에는 천신과 인간 같은 선도 중생의 고통에 대해 생각하는 방법을 얘기해 보겠습니다. 가령 인간의 경우 악도로부터 벗어나서 인간으로 태어나지만 인간 육체 이것도 고통의 본성을 가지고 있습니다. 그 이유는 처음에 태어남의 고통 그리고 늙음의 고통, 병의 고통,

마침내 죽음의 고통, 살아 있을 때에도 좋은 벗과 헤어지는 고통, 반갑지 않은 적과 만나는 고통, 원하는 것을 찾아도 얻지 못하는 고통, 원하지 않는 많은 나쁜 조건들이 일어나는 고통 등이 끝없이 나타나기 때문입니다.

그것들에 관해 약간만 말해 보면, 태어남의 고통이란 예컨대, 어머니의 자궁에 머무르고 있을 때의 깨끗하지 않은 나쁜 냄새와, 좁고 닫혀 있는 공간, 어둠 속 같은 그 안에 9개월 내지는 거의 10개월 가까이 큰 어려움을 겪으며 머물러야 하고, 그 동안 어머니가 먹고 마시고 행위하는 등이 좋든 나쁘든 그 때문에 견딜 수 없는 고통이 많이 있습니다. 예컨대, 어머니가 뜨거운 차를 마실 때면 몸에 끓는 물이 닿는 듯한 고통이 일어나고, 어머니가 큰 짐을 질 때면 큰 산 밑에 깔린 듯한 느낌이 일어나고, 어머니가 뛰어가거나 할 때는 큰 절벽에서 밑으로 떨어지는 느낌이 일어나고, 어머니의 자궁에서 나올 때는 어머니 자궁의 두 뼈 사이에 눌려 거의 죽을 것 같은 견딜 수 없는 고통이 옵니다.

그때의 고통으로 아이가 죽는 경우도 많고, 때론 어머니도 같이 죽는 경우도 많이 있습니다.

늙음의 고통이란 눈 등의 감각기관과 이해력 등이 점차 서서히 약해지고, 몸이 활처럼 굽어집니다. 안색이 어두워지고, 일어날 때는 손발 넷 모두로 지탱해서 일어나야 하고, 앉을 때는 흙 담은 주머니의 줄이 끊어지는 것처럼 몸이 아래로 떨어지는 듯한 큰 어려움이 있습니다. 머리카락 등이 희어지고, 주름이 많아지는 등 아주 외모가 추해져 완전히 다르게 태어난 것 같은 고통이 일어납니다. 그래서 미라레빠께서 "말뚝을 뽑듯이 일어나는 모습이 하나요, 새에게 몰래 접근하듯 가는 모습이 둘이요, 흙주머니 줄 끊어지듯 앉는 모습이 셋이요, 그 세 가지 함께 모이는 그때가, 허망한 육신이 늙어버린 찡그린 할머니의 모습이라"라고 말씀하셨습니다. 또 "바깥 피부를 접는 주름살이 하나요, 안의 살과 피가 다 해서 드러난 뼈가 둘이요, 어리석고 둔해지고 귀먹고 눈멀고 헷갈리고 흔들리는 것이 셋이요, 그 세 가지 함께 모이는 그때가, 추한 늙은 여인이 보여주는 찡그린 할머니의 모습이라"라고도 말씀하신 것과 같습니다.

병의 고통은 우리들이 체험을 통해 알기 쉽기 때문에 따로 말하지 않겠습니다. 더불어서 죽음의 고통도 앞의 소 중생 부분의 〈죽음의 무상성〉 부분에서 약간 언급했기 때문에 여기서는 말할 필요가 없습니다. 선도 중생인 인간의 고통에 대해서는 이 정도로 된 것 같고, 마찬가지로 선도 중생인 천신에게도 고통이 있습니다. 윤회계에 속하는 천신에는 욕계·색계·무색계 세 영역의 세 종류의 천신들이 있습니다. 아수라들은 일반적으로 욕계 천신의 한 부분이지만 천신 중에서도 질투가 더 많고, 다툼과 논쟁 등의 고통이 더 많은 등 천신의 부류 중에서도 열등한 가장 낮은 단계이기 때문에, 때때로 천신과는 따로 분류합니다. 어쨌든 아수라와 욕계 낮은 단계의 어떤 천신들은 서로 싸우고 다투어서 몸이 상하고 쪼개지는 등의 많은 고통이 있을 뿐만 아니라, 일반적으로 욕계의 대부분의 천신에게는 〈죽어 떨어지는 고통〉이라고 불리는 마음의 견딜 수 없는 고통이 죽기 직전에 나타납니다. 그것이 어떤 것이냐 하면, 천신들에게는 〈세 가지 경우〉라고 해서, 태어날 때 이전의 무엇으로부터 태어났는지와, 지금 무엇으로 태어나 있는지와, 죽을 때 다음 생에 무엇으로 태어날 지의 세 가지를 압니다. 천상 시간으로 7일 뒤에 죽을 것이 확실한 천신에게는 〈죽음의 다섯 가지 표징〉이라고 불리는 것이 충격을 줍니다. 그것은 광채가 약해지는 것, 자기 자리에 머무르고 싶지 않은 것, 몸의 화환이 시드는 것, 의복에서 냄새가 나는 것, 몸에 땀이 나는 것 등입니다. 그러한 〈죽음의 다섯 가지 표징〉이 생길 때 다른 천신은 누구라도 가까이 오지 않는 것은 물론이고, 눈으로 보는 천신조차 드물게 되어 자기 혼자 고독하게 고통을 겪어야 하고, 천신으로 태어난 동안 천신의 행복만을 누리느라고 새로운 선업을 많이 축적하지 못했기 때문에, 이전의 좋은 업의 과보를 누리던 것이 다 해서 대부분의 천신들은 악도에 태어나게 됩니다. 그래서 그들이 죽기 직전에 삼악도 어디에 태어날지의 장소와, 몸 등의 나쁜 것들을 신통으로 볼 때 마음의 고통이 아주 크게 견딜 수 없을 정도로 옵니다. 그래서 몸의 고통은 지옥 중생이 크지만, 마음의 고통은 욕계 천신들이 죽어 떨어질 때가 더 크다고 합니다. 마찬가지로 색계와 무색계의 천신들에게도 이생에서의 몸과 마음의 느낌에는 고통이 없지만, 그들의 탄생이 업과 번뇌에 의한 것이고, 어쩔 수 없이 죽어야 하고, 죽은 다음에 무엇으로 태어날지 등을 의지적으로 조절할 수 있는 힘을 얻지 못해서 업과 번뇌 같은 다른 작용에 의지하기 때문에, 〈두루 편재하는 고통〉의 본성이 있습니다. 그래서 이 삼계 윤회의 세계에 태어난 이후에 자신에게 해당되는 세 가지 고통 중 어떤 것의 본성으로부터도 벗어날 수 없다는 사실을 숙고하여 우선 고통의 본성과 불편함 등을 잘 이해해야 합니다.

17 중 중생의 수행방법 3
집성제

문 모든 것이 일어나는 진리(집성제集聖諦)란 무엇입니까?

답 모든 것이 일어난다는 것은 윤회계에서 윤회하게 하는 원인인 업과, 업의 원인인 번뇌 이 두 가지입니다. 그래서 번뇌에는 일반적으로 탐욕 등 근본 번뇌 여섯 가지와 유사한 번뇌 20가지 등이 있습니다. 그 중에서 근본 번뇌 여섯 가지를 대략 말해 본다면, 탐욕 · 분노 · 아만我慢 · 무지無知 · 번뇌를 가진 견해 · 회의懷疑 등입니다. 탐욕이란 잘못된 마음 자세로 자신의 대상에 대해 좋다는 측면에 현혹

되어 집착하는 대상을 얻으려 하거나, 그 대상과 떨어지지 않으려는 집착을 가리키고, 잘못된 마음 자세란 깨끗하지 못한 것을 깨끗하다고 파악하고, 고통을 행복으로 파악하고, 무상한 것을 영원한 것으로 파악하고, 자아 없는 것을 자아로 파악하는 것과 같은 것입니다. 분노란 잘못된 마음 자세로 자신의 대상에 대해 불쾌하다는 측면에 현혹되어 화를 가지게 되는 마음입니다. 아만이란 잘못된 마음 자세로 어떤 높은 대상을 보고 자신과 같다거나, 같은 대상을 보고 높다거나, 낮은 대상을 보고 아주 낮다거나 하는 등으로 파악하는, 높이거나 부풀리는 측면을 가진 마음입니다. 무지란 업의 인과 등을 알지 못하는 무지와, 사람의 자아에 집착하는 것처럼 무아의 실상實相에 대한 무지 두 가지를 말합니다. 번뇌를 가진 견해에는, 〈무상한 것에 대한 견해〉, 〈극단에 대한 견해〉, 〈전도順倒된 견해〉, 〈최상이라고 보는 견해〉, 〈계율과 고행을 최상으로 보는 견해〉의 다섯 가지가 있습니다.

그 중에서 〈무상한 것에 대한 견해〉란 자기 존재의 순간순간 무너지고 모이는 본성을 가진 오온을 보고 '나'라거나 '나의 것'이라고 생각하는 견해입니다. 그것은 자아에 대한 집착과 실상에 어두운 무지일 뿐 아니라 모든 번뇌의 뿌리이고, 업을 쌓는 동기의 뿌리이기도 합니다. 〈극단에 대한 견해〉란 〈무상한 것에 대한 견해〉가 집착한 대상들을 깨끗하다거나 영원하다는 등으로 과장해서 집착하는 견해입니다. 〈전도된 견해〉란 전생과 내생, 업의 인과, 해탈 등이 없다고 보는 허무주의적 견해입니다. 〈최상이라고 보는 견해〉는 〈전도된 견해〉 등의 잘못된 견해를 훌륭하고 최상이라고 보는 견해입니다. 〈계율과 고행을 최상으로 보는 견해〉는 몸에 다섯 가지 불을 놓거나, 큰 강에서 몸을 자주 씻거나, 개와 돼지의 행동을 하는 등 해탈의 길도 아니고 최상의 계율도 아닌 것을 최상이라고 집착하는 것입니다. 회의란 사성제와 삼보·해탈 등이 있는지 없는지, 진실인지 아닌지 생각하는 의심입니다.

모든 번뇌의 근본이자 가장 중요한 것은 자아에 집착하는 무지無知 그것입니다. 그것이 있으면 그것으로 인해 탐욕·분노 등 다른 번뇌들도 일어나고, 번뇌가 있으면 번뇌 그것으로 인해 윤회계에서 윤회하게 하는 다양한 선업과 악업이 나타납니다. 번뇌가 없으면 몸·말·뜻 세 가지의 어떤 행위를 해도 그것이 윤회계에서의 탄생을 야기할 수 없는 것이, 예컨대, 습기가 없는 마른 보리가 싹을 틔우지 않는 것과 같다고 말씀하셨습니다. 그래서 번뇌야말로 나를 해치는 가장 큰 적입니다. 내부의 적인 번뇌야말로 외부의 어떤 것과도 비교할 수 없는 가장 나쁜 적입니다. 이 세상의 모든 천신과 인간과 아수라가 다 나의 적이 된다 하더라도 내 마음이 번뇌의 지배를 받지 않으면 그들은 나를 이생에서만 해칠 뿐이고, 최악의 경우, 이생에서의 목숨을 뺏을 수 있을 뿐 다른 짓을 할 수는 없는데, 내부의 적인 번뇌는 나를 지옥의 불안에 겁劫 동안이라도 집어넣어 굽는 등의 고통을 겪게 할 수 있습니다. 따라서 해탈하려고 애쓰는 사람이라면 내부의 적을 다스리는데 최대한 조심해야 합니다.

그리고 업의 모든 것이 일어남이란 모든 번뇌로부터 일어나는 업에는 〈생각의 업(사업思業)〉과 〈생각된 업(사이업思己業)〉 두 가지가 있습니다. 〈생각의 업〉이란 몸과 말의 행위를 이렇게 저렇게 하겠다고 하는 생각으로, 몸과 말의 행위를 유발하는 기능을 가진 것입니다. 〈생각된 업〉이란, 생각 그것이 모든 것으로부터 일으킨 몸과 말의 행위인 선업, 악업, 무기업無記業 세 가지를 가리킵니다. 또한 업에는 욕계의 선도 중생으로 태어나게 하는 선업 같은 〈공덕의 업〉과, 악도에 태어나게 하는 악업과 같은 〈불공덕의 업〉과 색계나 무색계의 천신으로 태어나게 하는 업 같은 〈부동不動의 업〉 세 가지가 있습니다. 욕계의 선업은 〈공덕의 업〉이라 하고, 색계와 무색계의 선업은 〈부동의 업〉이라 하는 이유는, 욕계 선업들의 〈성숙된 과보〉는 악도의 상황에서도 성숙될 수 있기 때문에 변동이 있습니다. 예컨대, 열 가지 악업을 제거하는 계율을 지키지 못해서 축생으로 태어나도 앞 생의 보시 등의 선업의 과보로 음식이나 생활 여건이 좋을 수 있는 등 악도 중생의 상황에서도 선업의 과보가 나타날 수 있기 때문에 변동이 있다고 하는 것입니다. 색계와 무색계에 태어나게 하는 선업들은 다른 장소나 다른 상황에서는 성숙되지 않고 그 세계의 상황에서만 성숙되기 때문에 〈부동不動〉이라 하는 것입니다. 또한 업에는 〈이 생에 경험되는 업〉, 〈다음 생에 경험되는 업〉, 〈몇 생 이후에 경험되는 업〉의 세 가지가 있습니다. 〈이 생에 경험되는 업〉이란 선업과 악업 중 매우 힘이 큰 것은 성숙의 과보가 이 생 자체에서 성숙됩니다. 예컨대, 이생의 전반부에 쌓은 업의 과보가 후반부에 성숙되는 경우를 말하며, 또한 그 업은 아주 힘이 크기 때문에 성숙의 과보의 시작은 일단 이생에서 이루어지고, 대부분의 과보는 나중에 성숙됩니다. 〈다음 생에 경험되는 업〉이란 〈이 생에 경험되는 업〉보다 약간 힘이 작아서, 다음 생에 성숙되어 경험되는 업들입니다. 〈몇 생 이후에 경험되는 업〉이란 〈다음 생에 경험되는 업〉보다 힘이 작아서 다음 생의 다음부터 경험되는 업입니다. 그런고로 일반적으로 업들 중에서 무겁거나 힘이 큰 것은 어떤 것이든 일찍 성숙되고, 업의 무게가 같으면 더 익숙한 업이 먼저 성숙되며, 또 먼저 지은 것이 먼저 성숙됩니다. 또 업을 〈촉진하는 업〉, 〈효과적인 업〉, 〈보완하는 업〉의 셋으로도 나눕니다. 〈촉진하는 업〉이란 인간 등 6도 중생 어떤 것으로든 태어나게 하는 씨앗을 우선적으로 보유하고 있는 선업이나 악업을 말합니다. 그것은 처음에 씨앗을 뿌리는 것과 아주 유사합니다. 〈효과적인 업〉이란 앞에서 〈촉진하는 업〉에 의해 씨앗처럼 있던 그것이 잠재력이 활성화되어 과보의 형성을 분명하게 이루도록 하는 업을 말합니다. 그것은 씨앗을 뿌린 뒤 물과 열熱 등을 주어 앞의 씨앗의 잠재력을 키워 싹을 분명히 틔우는 것과 같습니다. 〈보완하는 업〉이란 〈촉진하는 업〉과 〈효과적인 업〉 둘에 의해 악도 중생이나 선도 중생으로 태어난 이후에 이생에서 행복과 불행의 여러 가지 과보를 가져오는 업입니다. 예컨대, 우리들이 사랑하고 아끼며 기르는 강아지 같은 경우, 촉진하는 악업이 악도 중생인 축생으로 태어나게 했지만 그는 이생에 사람이 사랑하고, 맛있는 음식을 주고, 자기 자식처럼 아끼며, 몸과 마음이 편안한 상태로 행복하게 이생을 보내는데, 그렇게 만드는 원인인 선업을 〈보완하는 업〉이라고 합니다. 마찬가지로 선도 중생인 인간으로 태어났어도, 그의 탄생은 촉진하는 선업에 의해 일어난 것이지만, 인간의 삶 동안 몸에 통증이 있고, 생활용품들이 다른 사람에게 털리고, 다른 사람들이 항상 자기에게 나쁘게 대하는 가장 낮은 하인으로 전락하는 등의 여러 가지 고통이 나타난다면 그것들은 악업의 과보이기 때문에, 그것들이 일어나는 원인인 악업들이 〈보완하는 업〉입니다. 그런고로 윤회계의 탄생에는 촉진하는 선업으로 태어나고 보완하는 악업으로 보완되는, 인간으로 태어나서 고통 받으며 살아가는 경우와, 촉진하는 악업으로 태어나 보완하는 선업으로 보완되는, 축생인 강아지로 태어나 몸과 마음이 행복하게 살아가는 경우와, 촉진하는 악업으로 태어나고 보완도 악업으로 보완되는 지옥 중생의 경우, 촉진하는 선업으로 태어나서 보완도 선업이 보완하는 색계와 무색계 천신 같은 경우의 네 가지가 있습니다. 요약하면, 고성제苦聖諦의 불편함을 생각하여 윤회계의 허물을 잘 보지 못하면 윤회계로부터 벗어나기를 원하는 생각이 크게 가슴으로부터 생기지 않고, 그것이 생겨도 모든 것을 일으키는 업과 번뇌에 의해 윤회계에서 윤회하는 양상을 알지 못하면 윤회의 원인을 뿌리 뽑는 방법을 알 수 없기 때문에, 이 윤회계로부터 벗어나기를 원하는 사람이라면 윤회계와 연관된 인과因果인 이 두 가지 진리를 문·사·수 세 가지의 관점에서 살펴보아서 혐오감과 떠남의 순수한 생각을 일으켜야 하는 것이 대단히 중요합니다. 쫑카빠 존자도 그의 체험 게송에서 이렇게 말씀하시고 계십니다. "고성제의 허물을 마음에서 다지지 않으면, 해탈하려는 노력 제대로 생기지 않고, 모든 것이 일어나는 윤회에 빠져드는 단계 생각하지 않으면, 윤회의 뿌리 자르는 법 알 수 없네. 세상으로부터의 떠남과 혐오감에 의지하고, 윤회에 무엇이 얽매는지 잘 아시기를. 나도 그처럼 요가 수행하였으니, 해탈 바라는 그대 역시 부디 그와 같이 하시기를."

18 중 중생의 수행방법 4
멸성제

문 그러면 멸성제란 어떤 것입니까?

답 멸성제란 이제 윤회의 고통을 직접적으로 일으키는 원인인 업과, 업의 뿌리인 번뇌라는 근원에 도달했기 때문에, 삼계의 모든 번뇌를 뿌리째 뽑아 고통의 원인으로부터 벗어나는 해탈, 그것이 바로 중 중생의 경우 최종 목표로 원하는 멸성제입니다. 일반적으로 멸성제란 해탈만을 가리키는 것이 아니고 대승·소승의 아리야의 어떤 길이든지 수행함에 의해서 제거해야 할 대상인 탐욕 등의 크고 작은 어떤 장애든 완전히 제거해 없애는 측면을 가리킵니다. 그런고로 멸성제에는 소멸 대상의 측면에서 많은 분류 방법이 있습니다. 그 이유는 탐욕 등의 장애들은 마음의 흐름에 오랫동안, 시작 없는 때로부터 익숙하게 머물러왔기 때문에 점차 제거되는 것이지 모든 것을 갑자기 한순간에 제거할 수는 없는 것이기 때문입니다. 그래서 탐욕 등 거칠고 강하고 분명하고 큰 번뇌들은 일찍 제거하고, 중간 것들을 제거하고, 마지막으로 작고 미세하고 확인하기 어려운, 마음 속 깊이 분명하지 않게 있는 그것들은 수행의 큰 노력을 오랫동안 들여서 제거해야 합니다. 예컨대, 우리들의 의복에 많은 얼룩이 오랫동안 붙어 있으면 그 옷을 빨 때 처음에는 물에 담가서 비누칠 등을 해서, 약간 문지르면 바깥의 큰 얼룩들은 깨끗해집니다. 그리고 다시 문지르고 주무르면 중간 얼룩들이 깨끗해지고, 그리고 아주 미세한, 옷 깊은 곳에 있는 얼룩들을 깨끗이 하려면 여러 가지 방법으로 오랫동안 빨아야 하는 것과 같습니다.

그런고로 제거 대상인 번뇌의 오염만 해도 제거하기가 얼마나 어려운가에 따라서 '보고 없애는 것'(견도위見道位에서 없어지는 것)'과 '닦아서 없애는 것'(수습위修習位에서 없어지는 것)'의 두 가지가 있고, '보고 없애는 것'에 사성제 각각을 대상으로 상계上界와 하계下界의 '보고 없애는 것' 여덟 가지가 있고, '닦아서 없애는 것'에도 대·중·소 세 가지와 그 각각이 다시 대대大大등 대·중·소 셋으로 나누어지고 이것이 다시 삼계三界 구지九地에 각각 9개씩 있습니다. 이렇게 해서 넓게 분류하면 89가지 등 많은 분류가 있고, 제거 대상인 번뇌라는 장애에 의거하여 그것들을 제거하는 멸성제 89가지와, 그것들을 제거하는 방법인 도성제도 89가지로 나누는 방법 등이 있기에 예컨대, 『구사론俱舍論』에서 "그것들은 89가지이니, 해탈의 방법과 소멸된 것 들이다"라고 말씀하신 것과 같습니다. 그것들에 대한 자세한 내용을 여기에서 언급하면 너무 번거롭기 때문에 멸성제에 대해서는 이 정도로 하겠습니다.

네 번째 도성제란 삼승三乘의 어디에 머무르든 간에 아리야의 정신 연속체의 삼학三學에 포함되는 모든 길을 가리킵니다. 또한 일반적으로 모든 종류의 길은 삼학 안에 포함되는데, 삼학이란 계학·정학·혜학 세 가지를 가리킵니다. 그 중 윤회로부터 해탈하는 가장 뛰어난 방법은 무아를 직접 지각하여 깨닫는 혜학입니다. 왜냐하면, 윤회계에서 윤회하는 원인은 앞서 말한 것처럼 업과 번뇌이고, 업의 뿌리는 번뇌의 삼독이며, 삼독의 뿌리는 아집이라는 무지에 도달하기 때문에, 아집을 뿌리째 자르지 않고서는 다른 번뇌들에 의해 일어나는 업들을 완전히 제거하는 방법이 없습니다. 그런고로 뿌리인 아집은 그것과는 파악하는 방식이 분명히 정반대되는 무아를 직접 지각하여 깨닫는 지혜가 없이는 다른 어떤 방법으로도 차단할 수 없는 것입니다. 예컨대, 짙은 어두움을 확실히 없애기 위해서는 불빛이 아니면 없앨 수 없는 것과 같습니다. 또한 예컨대, 등불로 어둠을 없애 형태와 색깔 등을 분명하게 하려면 그 등불이 스스로 바람에 흔들리지 않고 선명해야 하고, 안정되어야 하는 것처럼 무아를 직접 지각하여 깨닫는 지혜가 아집 등의 어둠을 없애 인간의 실상을 명료하게 보기 위해서도 들뜸과 상념 등에 흔들리지 않고 마음이 자신의 대상에 한점으로 안정되게 머무르는 정학定學이 생겨야 하고, 흔들리지 않는 확고한 집중이 생기기 위해서는 몸·말·뜻 세 가지가 부정적인 대상에 의해 산란해지는 등을 멈추게 하는 계학에 올바르게 머물러야 합니다. 그런고로 계율이란 다른 두 가지 학學의 기초일 뿐 아니라 그것은 예컨대, 큰 땅이 동물과 동물이 아닌 풀, 나무와 잎과 꽃 등을 나게 하고, 머무르게 하며 자라도록 하는 기반인 것처럼 계율 역시 선도善道나 구경 성취로 집약되는 모든 공덕의 기반이라고 말씀하셨습니다. 또한 중 중생의 경우 여기에서 수승한 계율에 허물없이 머물러 도성제를 닦으면 앞서 말했듯이 사성제의 관점에서 윤회로 들어가는 것과 윤회로부터 벗어나는 인과의 상황을 수행의 주안점으로 삼게 되고, 그

중에서도 고성제의 특징인 무아의 의미를 직접 지각으로 깨닫는 아리야의 평정 상태의 통찰 지혜를 수행의 주요 목표로 삼아, 인간의 아집 등의 번뇌의 장애를 주로 없애게 되는데, 일반적으로 장애를 없애는 길에 삼승三乘 각각에 다섯 가지씩 열다섯 가지 길을 말씀하셨습니다.

다섯 가지 길이란 자량위資糧位·가행위加行位·견도위見道位·수습위修習位·구경위究竟位입니다. 자량위와 가행위 둘은 중생의 길이고, 견도위·수습위·구경위 셋은 아리야의 길입니다. 그런고로 앞의 두 길은 아집 등의 장애를 직접적으로 제거하지는 못하지만 간접적으로 제거하는 방법입니다. 왜냐하면, 자량위와 가행위의 경우 사성제의 내용을 일반적 생각과 일반적 의미의 방식으로 이해하여 수행할 뿐 직접 지각으로 깨달아서 수행할 수 없기 때문이고, 그 때에는 아집 등의 장애를 어떤 것도 뿌리에서부터 직접 제거할 수 없는데, 나머지 견도위 등 아리야의 세 길에서는 무아를 직접 지각으로 깨달아서 스스로 자신의 제거 대상인 장애의 씨앗 등을 뿌리에서부터 제거할 수 있기 때문에 진정한 도성제로 간주해야 합니다. 또한 견도위의 경우 진리의 내용을 처음으로 직접 지각을 통해 본 힘으로, 삼계三界에 속하는 〈고성제를 봄으로써의 소멸〉, 〈집성제를 봄으로써의 소멸〉, 〈멸성제를 봄으로써의 소멸〉, 그리고 〈도성제를 봄으로써의 소멸〉 등 사성제 각각을 대상으로 하는 상계上界와 하계下界의 〈보고 없애는 것〉인 번뇌장煩惱障 여덟 가지와, 그것으로부터 다시 넓게 분류해서 112가지로 나누어지는 그 모든 것을 제거하게 됩니다. 그 뒤 수습위에서 사성제의 내용을 직접 지각으로 깨달은 그대로 익힘으로써 삼계의 〈닦아서 없애는 것〉인 번뇌장, 81가지로 나누어지는 그것들도 수습위 9단계 또는 81단계에 의해 단계적으로 제거합니다. 구경위란 견도위와 수습위 둘에 의지하여 삼계의 〈보고 없애는 것〉과 〈닦아서 없애는 것〉으로 분류되는 번뇌장을 남김없이 뿌리째 제거하여 이후로는 그것들이 전혀 생겨날 수 없도록 한 길이 바로 구경위이고, 그 단계에서 번뇌의 적을 남김없이 제거해 마치기 때문에 그 단계를 얻은 사람을 〈적을 정복한 자(아라한)〉라고도 하며, 그때는 번뇌가 전혀 없기 때문에 행위가 있어도 윤회계에 태어날 수 없는 것이 예컨대, 습기 없는 마른 보리가 싹을 낼 수 없는 것과 같습니다. 따라서 그때가 윤회로부터 완전히 벗어난 해탈이 되는 것입니다. 중 중생에 관한 길은 대략 이렇습니다.

19 대 중생의 수행방법 1
보리심 개발

문 대 중생의 경우 주로 수행하는 길에는 어떤 것이 있습니까?

답 대 중생의 경우 수행은 일반적으로 대승의 길과 그 결과입니다. 또한 요약하면 대승으로 들어가는 문인 보리심菩提心을 일으키는 것과, 그 마음을 일으켰으면 보살의 행위인 6바라밀을 닦는 방법과, 거기에 의지해서 최종 결과로 부처의 과위果位인 삼신三身[7]을 얻는 방법 세 가지로 요약할 수 있습니다. 그 세 가지를 단계적으로 간략히 말해 보면,

앞서 소 중생과 중 중생의 길을 수행한 것에 의해 스스로 윤회와 악도에 태어나는 원인인 업과 번뇌를 뿌리 뽑아 성문, 독각의 아라한 같은 해탈의 지위를 얻을 수 있지만, 그러한 아라한들은 윤회계에서 윤회하는 원인인 번뇌의 장애만 제거했을 뿐 부처님처럼 모든 앎의 대상을 있는 그대로 아는 데 장애가 되는 소지장所知障을 제거하지는 못합니다. 그래서 제거해야 할 대상의 일부밖에는 제거하지 못하고, 앎의 대상도 예외 없이 있는 그대로 알 수 없기 때문에, 그들은 제거와 깨달음의 일부분 또는 약간밖에는 이루지 못합니다. 그렇기 때문에 그들은 타인을 위한 목표는 물론이고 자신을 위한 목표도 완성하지 못한 것입니다. 또한 그들은 자신 혼자만이 평화로운 행복감에 끌려서, 타인을 위한 큰 목표를 이루는 것이나, 그것을 이루는 원인인 다른 모든 중생을 차별 없이 대하는 큰 연민과 보리심 등도 없고, 몸·말·마음 세 가지의 한량없는 초능력으로 중생의 기질과 성향에 맞게 중생을 크게 이익이 되게 하는 행위를 노력 없이 자연적으로 할 수 있는 능력도 완성하지 못합니다.

그런고로 자신을 위하고 타인을 위하는 두 가지 목표를 완성하는 부처의 경지를 확실히 얻어야 합니다. 그것을 얻기 위해서는 그 수단인 대승의 길에 들어오지 않으면 얻을 방법이 없습니다. 그 대승의 길에 들어서는 문은, 보리심 바로 그것입니다. 왜냐하면, 보리심을 얻지 않으면 어떤 사람이 부정적인 것을 제거하고 진리를 깨닫는 공덕을 아무리 크게 지어도 대승 또는 보살의 반열에 속할 수 없기 때문입니다. 남자든 여자든, 속인이든 승려든, 천신이든 인간이든 누구든 간에 보리심을 언제라도 얻으면 그 사람은 대승에 속하고, 정복자(부처)의 아들인 보살이라고 시방세계의 부처님들이 칭찬하시는 등의 대상으로 바뀝니다. 뿐만 아니라 보리심을 발한 이래로 그 사람은, 잠을 자든, 음식을 먹든, 가고, 머무르는 모든 행위에 있어서도 공덕이 끊임없이 증진되고, 그 마음이 생긴 이후에는 모든 천신과 인간의 경배를 받을만한 가치 있는 존재로 바뀝니다. 마찬가지로 예컨대 겁화劫火라고 하는, 불에 의해 이 세상이 무너지는 때(劫)에 작용하는 그 불이 세상을 한 순간에 태워버리는 것처럼, 그 마음도 아주 짧은 시간 동안에도 큰 힘을 가진 많은 악을 파괴시킬 수 있는 등의 엄청난 이익이 있다고 『화엄경華嚴經』 등의 경전과 『입보리행론入菩提行論』[18] 등의 많은 논서에서도 그렇게 말씀하고 있습니다.

문 그러면, 보리심을 일으키는 방법에는 어떤 것들이 있습니까? 기본적으로 보리심이란 어떤 것입니까?

답 예, 그 둘을 한 방법으로 말해 보면, 보리심을 일으키는 방법에는 큰 두 가지 체계가 있는데 〈7단계 인과 지침〉에 의해 보리심을 일으키는 방법과, 〈자타自他 평등 교환〉에 의해 보리심을 일으키는 방법 두 가지를 말씀하셨습니다. 그 중에서 먼저 〈7단계 인과 지침〉으로 보리심을 일으키는 방법은, 원인의 지침 여섯 가지를 단계적으로 일으키는 방법과 그것에 의지해 결과인 보리심을 일으키는 방법 두 가지입니다. 원인의 지침 여섯 가지는 〈어머니로 보기〉, 〈친절의 상기想起〉, 〈친절에 대한 보답〉, 〈애정 어린 사랑〉, 〈큰 연민〉, 〈순수하고 수승한 마음〉 등의 여섯 가지입니다. 그리고 결과인 〈보리심〉이란 중생이 고통으로 괴로워하는 것을 참지 못하여 모든 중생이 행복을 얻도록 하고, 그들의 고통을 없애야겠다고 보고서 그것을 위해 자신이 부처의 경지를 얻고자 하는 진실한 마음을 말합니다. 그런고로 그러한 마음을 일으키는 데에는 모든 중생이 고통으로부터 벗어나기를 원하고, 또한 고통으로부터 벗어나도록 하는 그 짐을 스스로 지는 〈연민〉과 〈순수하고 수승한 마음〉이 먼저 일어나야 합니다. 그러한 짐을 지는 〈큰 연민〉이 일어나는 데에도 먼저 중생을 대상으로 〈애정 어린 사랑〉 즉, 자기 가슴에서 중생들을 아주 아끼고 소중히 여기는 측면을 가진 마음이 일어나야 합니다. 왜냐하면, 예컨대 보통 우리들의 적에게 고통이 일어날 때 그것을 견디지 못하거나 바라지 않음이 없이 오히려 그것을 즐거워하는 것은 그 원수에 대해 자기 가슴에서 아끼는 애정 어린 사랑이 없고 오히려 미워하는 마음이 있기 때문입니다. 자기의 가장 좋은 벗인 어머니에게 고통이 일어날 때는 자기 자신에게 참지 못하는 마음이 일어나는 것은 어머니에게는 자기 가슴에서 아끼고 집착하는 애정 어린 사랑이 있어서 일어나기 때문이니, 가슴에서 아끼는 힘의 크기에 따라 그 사람에게 고통이 일어났을 때 그것에 대한 판단에 의해 참지 못하는 힘의 크기로 바뀝니다. 마찬가지로 이생에서 친구도 원수도 아닌 중립적인 중생에게 고통이 일어난 것을 보아도 그다지 좋아함도 없고, 싫어함도 없는 무관심이 오는 것도 가슴에 그를 그다지 아끼거나, 그다지 미워하는 어떤 것도 없기 때문입니다. 이러한 〈애정 어린 사랑〉을 얻는 방법에는 〈어머니로 보기〉, 〈친절의 상기〉, 〈친절에 대한 보답〉 세 가지를 말씀하셨습니다. 왜냐하면, 자기의 이생의 친구의 뿌리 같은 사람은 어머니이기 때문에, 먼저 모든 중생을 대상으로 한 〈어머니로 보기〉를 명상하고, 그 뒤 그들이 어머니로서 있었던 각각의 생에 이생의 어머니가 친절로 보호한 것처럼 친절했던 양상과, 이생의 친절을 보답하고자 하는 완전히 순수한 마음을 명상함에 의해 〈애정 어린 사랑〉을 일으켜야 합니다.

20 대 중생의 수행방법 2
보리심 개발

문 처음에 〈어머니로 보기〉를 명상해야 한다고 합니다. 그것은 어떻게 명상해야 하는 것입니까?

답 〈어머니로 보기〉를 명상할 때 처음에는 「석량론釋量論」 등에서 말씀하신 것처럼 전생과 내생에 태어나게 되는 합리적 이유에 비추어서, 모든 중생들은 시작 없는 때로부터 이 윤회계에, 높게는 비상비비상처, 낮게는 아비지옥에 이르기까지 태어났던 양상을 생각해 보고, 그 태어남이 헤아릴 수 없고 시작 없음을 이해하여 육도 중생의 어떤 몸으로도 태어나지 않았음이 없다는 탄생의 양상에 대해 굳은 확실성 또는 확고한 믿음을 얻어야 합니다. 그것을 얻고 나면 예컨대, 우리가 인간과 축생 등의 태생胎生이나 난생卵生으로 태어났던 대부분의 경우 어머니가 필요했다는 사실과, 그러한 탄생이 셀 수도 없고 시작도 없듯이 그 생들에서의 어머니도 셀 수도 없고 끝도 없다는 사실과, 그렇다면 결국 '이러한 중생은 나의 어머니였던 적이 없다'라고 말할 이유를 얻을 수 없기 때문에, 모든 중생은 나의 어머니였고, 또 어머니였던 적이 셀 수없이 많았다는 생각을 다짐으로써 그런 체험이 생길 때까지 명상해야 합니다. 다음으로 두 번째는 〈친절의 상기〉입니다. 그것은 어떤 것이냐 하면, 앞에서 모든 중생을 나의 어머니로 보았다면 단순히 어머니이기만 했던 것이 아니고, 여러 생에서 어머니였을 텐데 예컨대, 이생에서 나의 어머니는 친절로 어떻게든 해서 보호하는 것처럼 각각의 중생도 그렇게 셀 수도 없이 했음을 생각하여 모든 중생이 나의 어머니 같은 친절을 가졌음을 명상해야 합니다. 또한 이생에서 나의 어머니가 친절로서 돌본 양상이란, 먼저 내가 어머니의 몸 안에 있을 때 어머니는 자신의 먹는 것과 마시는 것, 가고 머무르고 눕는 방식 등 모든 행동에 있어서 아이에게 피해를 줄 것 같은 모든 허물을 최대한 없애고, 아이에게 이익이 되는 음식을 먹는 등 최대한 보호합니다. 그리고 태어난 뒤에도 간단히 말하면 몸의 어려움과, 마음의 고통, 물질적 비용 등 어떤 것에도 신경 쓰지 않고 어머니 자신의 목숨보다도 아낌으로써, 아이에게 어머니 자신이 아는 한, 할 수 있는 한의 모든 도움과 행복을 실천하고, 모든 피해와 고통을 없애는 등 백 가지 천 가지의 많은 수단으로 친절하게 보호하는 양상을 자세히 생각해 보면 한량이 없습니다. 어머니가 자기 아이를 목숨보다 아끼고 보호하는 모습을 가장 어리석은 축생들에게서도 우리들은 보아 왔고 또 보고 있습니다. 예컨대, 새의 경우 처음에 새끼를 위해서 둥지를 지을 때 그 재료를 모으기 위해 먼 곳으로

풀과 나뭇가지 등을 찾으러 가고, 하나씩 날라 와서 여기 저기 다니기를 매일같이 백번 정도 해야 하는 수고로움이 있습니다. 마찬가지로 알을 낳으면 자기 음식도 먹을 시간 없이 여러 날을 보호해야 하고, 부화해도 많은 새끼들에게 먹일 음식을 찾으러 자주 다녀야 됩니다. 적이 나타나면 새끼를 지키기 위해서 자기가 상대할 수 있는 적이라면 말할 것도 없고, 상대할 수 없는 적이라도 자기를 희생하면서 새끼를 위해 싸우다 자기가 죽어야 하는 것도 많이 보아왔고, 또 보고 있습니다. 각각의 중생들도 다 그렇게 헤아릴 수 없이 했던 양상을 생각하여 명상해야 합니다.

세 번째 〈친절에 대한 보답〉이란, 이전에 모든 중생들이 나에게 한량없는 친절을 베풀었던 것에 대해 진정으로 보답해야겠다고 생각하는 것입니다. 그것은 예컨대, 이 세상에서 친절한 어머니가 자신의 하나밖에 없는 아들이 스스로 자신을 돌볼 수 있을 때까지 어려움과 비용 어떤 것도 고려하지 않고 큰 친절로 키운 뒤 어머니 자신이 눈이 멀어, 안내해 주는 사람도 없이, 절벽이나 진흙 구덩이 등 아주 큰 위험으로 떨어지려 하거나 아주 가난하고 비참하게 되었는데, 그때 그 아들이 자기에게 능력이 있으면서도 어머니의 친절을 상기하여 친절에 보답하는 도움을 주지 않고 보고 있기만 한다면, 그보다 비열하고 부끄러움 모르는 악당이 없다고 생각됩니다. 마찬가지로 시작 없는 과거부터 나에게 한없는 친절을 베푼 늙은 어머니 같은 이 중생들도 법과 법 아닌 것을 잘 아는 지혜의 눈이 없어 장님 같고, 개발과 제거의 길을 실수 없이 알려주는 사람인 장님의 안내인 같은 좋은 친구도 없이, 항상 번뇌 삼독으로 마음이 자극되어 미친 사람처럼 되어, 신·구·의 삼문三門의 다양한 악행으로 인해 윤회의 큰 강이나 악도의 큰 절벽 쪽으로 걸어가고 있는 비참한 상황이 이러한 때에 친절에 보답하는 도움을 주지 않고 무시한다면 정말 부끄러움을 모르는 사람이요, 악당이 된 것인데 어찌 그것이 올바른 일이겠습니까? 이러한 생각으로 가슴으로부터 그들의 친절에 보답하고자 하는 마음이 일어날 때까지 명상해야 합니다.

다음으로 네 번째는 〈애정 어린 사랑〉입니다. 이것은 앞에서 말한 것과 같은 〈어머니로 보기〉, 〈친절의 상기〉, 〈친절에 대한 보답〉 세 가지를 명상함에 의해서 모든 중생을 차별 없이 가슴에서 사랑스러워 하고 대단히 아끼며 소중히 여기는 측면을 가진 순수한 마음을 가리킵니다. 일반적으로 사랑에는 이러한 〈애정의 측면을 가진 사랑〉과 〈중생이 행복하기를 바라는 사랑〉 두 가지가 있습니다. 앞의 것 없이 뒤의 것이 생길 수 없을 뿐만 아니라 〈애정 어린 사랑〉 이것은 중생을 고통으로부터 해탈시키고자 하는 〈큰 연민〉과 〈행복하기를 바라는 큰 사랑〉 두 가지 모두에 필수적인 실질적 원인의 주요 요인이기도 하고, 이 힘의 크기에 따라 사랑과 연민 두 가지도 힘이 크고 작게 되기 때문에, 이것을 성취하는 방식에도 〈7단계 지침〉 방식과 〈자타 평등 교환〉 방식의 서로 다른 특성을 가진 성취 방법 두 가지가 있는데, 후자에는 전자의 성취 방법이 모두 있지만 전자에는 후자의 성취 방법이 다 있지는 않다고, 스승의 가르침에 그렇게 나와 있다는 사실을 〈람신〉[19]에서 말씀하셨습니다. 어쨌든 〈애정 어린 사랑〉을 많은 방법과 큰 노력을 통해 체험해야 하는 것이 매우 중요합니다.

21 대 중생의 수행방법 3
6바라밀 개발

그리고 다섯 번째는 〈큰 연민〉입니다. 마이트리야께서 "그것의 뿌리는 연민이라고 여겨진다"라고 〈큰 연민〉이 대승의 길의 뿌리라고 말씀하셨고, 그뿐 아니라 찬드라끼르띠께서도 『입중론入中論』의 서두에서, 부처님과 보살들에게는 직접 찬탄과 예경을 하지 않고 〈큰 연민〉에 찬탄과 예경을 해야 하는 이유도, 〈연민〉이야말로 대승의 길의 결과인 뛰어난 부처의 과위果位를 낳는 데 있어 처음·중간·끝 세 가지에서 중요하기 때문이라고 말씀하셨습니다. 그러면, 〈큰 연민〉이 뛰어난 부처의 과위를 생성하는 데 있어 처음·중간·끝 세 가지에서 중요한 이유는 무엇이냐 하면, 〈큰 연민〉은 처음 대승의 길의 입구인 보리심을 직접 일으키는 뿌리이기 때문에 처음에 중요한 것이 씨앗과 같고, 그리고 보리심을 일으켜서 대승의 길에 들어가서도 〈큰 연민〉에 의해 다른 중생들을 위해 6바라밀 등 보살의 행위를 한량없이 단계적으로 향상되도록 배워야 하기 때문에 중간 단계에서 중요하기가 물이나 비료와 같고, 그리고 보살의 행위를 완성하여 그 과보인 부처의 과위를 얻었어도 〈연민〉이 없으면 중생 제도의 의미를 이루지 못하고, 〈연민〉에 의해 윤회계가 텅 빌 때까지 한량없는 행위로 헤아릴 수 없는 중생을 제도하며 머무르시기 때문에 마지막 단계에서 중요하기가 성숙된 과일과 비슷하다고, 대략 이런 식입니다.

또한 한량없는 중생들을 보고서 '고통으로부터 벗어나면 좋겠다'라든가 '벗어나면 얼마나 좋겠는가'라고 생각하는 것 같은 연민 또는 '그들이 선도善道나 궁극적 성취의 행복을 얻으면 얼마나 좋겠는가'라고 생각하는 정도의 사랑은 성문이나 독각들에게도 있기 때문에 그 정도로는 충분치 않고, 대승의 〈큰 연민〉이란 강력한 연민이어야 합니다. 또한 앞에서 소 중생과 중 중생의 경우에 말한 것처럼 윤회계의 일반적 고통과 특정한 고통을 반복해서 잘 생각하고, 〈어머니로 보기〉부터 〈애정 어린 사랑〉에 이르는 좋은 마음을 개발함에 의해 모든 중생들을 차별 없이, 예컨대 외아들을 가진 어머니가 아주 아끼는 자기 아들이 수렁에 빠지는 것을 봤을 때, 진정으로 그곳으로부터 벗어나기를 바라는 진실한 마음이 일어나는 것처럼, 중생들이 윤회의 큰 수렁에 빠진 고통으로 괴로워하는 것을 보고 견디지 못하여 차별 없이 진정으로 모든 중생을 그러한 고통으로부터 해탈시키고 싶다는 참다운 마음이 저절로 일어날 때 진정한 〈큰 연민〉이 일어납니다. 그것이 일어나면 모든 중생이 행복하기를 바라는 큰 사랑도 그것과 더불어 저절로 일어납니다.

다음, 〈순수하고 수승한 마음〉이란 연민과 사랑 두 가지의 힘이 더욱 커져서 중생의 고통을 없애고 행복을 성취하도록 하는 데에 다른 이에게 의지하지 않고 자신이 홀로 해야 한다는 생각을 가지고 그 모든 짐을 지려는 순수하고 수승한 생각을 가리킵니다.

다음, 일곱 번째로 결과인 〈마음이 일어남〉이란, 그와 같이 진정으로 타인을 위한 짐을 지겠다는 수승한 생각이 일어나면, 지금 상황에서는 자신도 다른 중생들처럼 윤회 안에 빠져 모든 중생은 고사하고 단 한 중생을 돕는 일도 완성할 수 있는 능력이 자신에게 없음을 보고, 그러한 능력이라는 것이 있을까? 있다면 그러한 것을 얻을 수 있을까? 생각하며 살펴보았을 때 그것은 두 가지 장애 등의 허물을 남김없이 제거하고, 지혜·자비·능력 세 가지의 공덕을 완성하신 부처님에게만 있다는 사실과 더불어 자신도 그것을 얻을 수 있고, 얻어야 한다고 보고서 스스로 모든 중생을 위한 부처의 과위를 빨리 얻으려고 생각하는 마음 그것이 노력하지 않아도 일어날 때가 정말 진실한 보리심을 얻은 것이고, 대승의 길에 비로소 들어온 것입니다.

여기까지 해서 〈7단계 인과 지침〉 체계의 보리심 일으키는 방법의 순서에 대한 요약은 이 정도로 하고, 이 시점에서 〈자타 평등 교환〉에 의해 보리심 일으키는 방법의 순서도 중요성이 매우 큰데, 샨티데바의『입보리행론』과, 다양한 수행 교본들의 지침과, 대·소『람림』등에서 말씀하신 것 중에 약간을 간추려서 조금 말해야 될 것 같지만 너무 번거로워질까봐 여기에서는 말하지 않겠습니다. 아시고자 하면 게쉐의 지침과 앞에서 말씀드린 그 책들을 잘 공부하셔서 이해하실 필요가 있습니다.

문 그러면, 보리심이 일어나고 나서 행위를 연마하는 방법은 어떤 것입니까?

답 보리심이 일어나고 나서 보살의 행위를 확실히 연마하지 않으면 타인을 이롭게 하는 부처의 경지에 도달할 수가 없습니다. 예컨대, 어떤 도시에 가겠다고 결심한 마음이 일어났어도 가는 행위를 확실히 시작하지 않으면 거기에 도착할 수 없는 것과 같습니다. 그런고로 마음은 일으키고 행위를 수행하는 일을 실제로 하지 않는 것을 〈바라는 마음의 일어남〉이라 하고, 행위를 수행하는 일을 실제로 하는 것을 〈들어가는 마음의 일어남〉이라고 합니다. 일반적으로 보살의 행위는 한량이 없지만 그것들을 모두 요약하면 주로 6바라밀 수행으로 요약됩니다. 6바라밀 수행이란 보리심에 의해 일어나는 보시·지계·인욕·정진·선정·지혜 등의 바라밀 수행이고, 또한 과보인 부처의 몸에 대해 요약해 보면, 법신法身과 색신色身 두 가지로 요약되고, 마찬가지로 그것을 얻는 원인도 공덕 자량資糧과 지혜 자량 두 가지로 요약됩니다. 왜냐하면, 주로 색신을 얻는 원인을 공덕 자량이라 하고, 주로 법신을 얻는 원인을 지혜 자량이라고 하기 때문입니다. 그런고로, 보시 바라밀 등 다섯 가지는 공덕 자량이고, 여섯 번째 지혜바라밀이 지혜 자량인데, 두 가지 자량을 함께 닦아야 합니다.

그러한 보시 등 바라밀 여섯 가지 각각을 닦는 방법을 요약해 보면, 먼저 보시란 자기 물건 등을 타인에게 주고자 하는 마음이 보시의 본질인데, 보시에는 나누면 세 가지가 있습니다. 먼저 〈물질의 보시〉란 예컨대, 작게는 한 입 분량의 음식을 타인에게 주는 것으로부터 크게는 자신의 목숨과 쌓아온 공덕 등을 주는 것까지입니다. 두 번째 〈법의 보시〉란 타인을 돕겠다는 마음으로 법에 관한 게송 하나라도 가르쳐주는 것입니다. 세 번째 〈두려움 없는 귀의처의 보시〉란 중생이 불에 타는 것이나, 물에 빠진 것 등으로부터 구해주고, 중생이 감옥에 들어간 것으로부터 꺼내주는 등 타인을 두려움이나 어떠한 결핍으로부터라도 구해주는 것입니다. 또한 보시 바라밀의 의미는, 베푸는 마음을 익힘으로써 연민과 보리심으로 자신에게 속하는 생명, 일용품,

삼세三世의 공덕 등을 타인에게 줌으로써 인색함과 탐욕 등이 전혀 없이 진정으로 베푸는 생각을 완성하는 것일 뿐이지, 보시를 완성한다는 의미가 어떤 것을 주어서 이 세상 안에 결핍이 전혀 없도록 만든다는 것은 아닙니다. 무슨 뜻이냐 하면, 예컨대, 오늘 날에 가난한 중생들이 많이 있지만 이전의 부처님들이 보시를 완성하지 못한 것이 아닙니다.『입보리행론』에서도, "만약 가난한 중생 없애는 것이, 보시의 바라밀이라면, 아직 가난한 자들이 있는데, 앞선 부처님들은 어떻게 보시를 완성했을까?"라는 등으로 자세히 말씀하고 있습니다.

이어서 지계바라밀에도 세 가지가 있는데, 먼저 〈악행을 막는 계율律儀戒〉이란 십악十惡을 제거하는 계율과,『별해탈경別解脫經』, 보리심, 밀교의 계율 등 세 가지 각각의 제약들에 어긋나지 않게 올바로 지키는 것입니다. 두 번째 〈선법善法을 모으는 계율攝善法戒〉이란 요약하면 자타의 정신적 흐름을 성숙시키는 6바라밀의 행위들에 대해 보리심으로 선법을 배우는 모든 것이고, 세 번째 〈중생을 이롭게 하는 계율(饒益有情戒)〉이란, 타인의 정신적 흐름을 성숙시켜 섭수(攝受)하는 네 가지 사항과, 『보살지(菩薩地)』에서 말씀하신 중생의 열한 가지 목표 등을 성취하는 일에 대한 노력들을 가리킵니다. 세 가지 계율 중에서 첫 번째 계율이 다른 두 가지의 기초이고, 그 계율의 본질은 다른 생명체에게 피해를 주는 원인 등을 제거하는 마음이 핵심이므로, 연민과 보리심으로 살생 등 다른 생명체를 해치는 원인들로부터 자신의 마음을 돌이키는 〈억제하는 마음〉을 고양시켜 바로 그것을 완성시키는 때가 지계바라밀을 완성하는 것이지, 그 완성이 외적으로 중생 하나하나를 피해 없는 곳으로 데리고 가서 어떤 중생에게도 살생 등의 고통이 없도록 만드는 것에 의지하지 않음을, 앞에 오셨던 부처님들이 계율을 완성하신 방식에 유추해서 알 수 있습니다.

계율에 관해서는 요약을 이 정도 하고, 세 번째 〈인욕바라밀〉의 수행방법에 대해서 말해 봅시다. 『입보리행론』에서, "분노 같은 해악 없고, 인욕 같은 고행 없다"라는 등으로 말씀하신 것처럼 인욕의 반대인 분노 또는 화의 결점과, 인욕의 한량없는 유익함을 경전과 논서에서 말씀하신 그것들을 이해하여, 많은 방법과 큰 노력으로 인욕을 닦아야 합니다. 또한 화의 허물의 한 가지 측면을 말해 보면, 예컨대, 우리처럼 보리심이 없는 사람이 보살에게 한 순간이라도 화를 내더라도 그것이 앞서 천 겁 동안 쌓아온 공덕의 뿌리를 파괴한다고 말씀하신 것과 같습니다. 인욕에 대해서도 세 가지를 말씀하셨습니다. 먼저 〈피해주는 자에게 반응하지 않는 인욕〉을 닦는 법은, 타인이 나에게 피해와 고통을 일으킬 때 피해 주는 그에게 다시 화를 내는 허물은 앞에서 말한 것과 같고, 그에게 화를 내는 것이 타당치 않습니다. 그 이유는, 예컨대, 적이 나에게 피해를 주면 그에게 자신을 통제할 수 있는 힘이 있어서 그랬는지, 그런 힘이 없으면서 업과 번뇌가 마음을 자극해서 그랬는지 어느 쪽인지를 살펴보면, 그에게는 자신을 통제할 수 있는 힘이 전혀 없이 거친 업과 번뇌에 의해 하게 되었다고 알게 되고, 그것을 인식하면 그에게 화를 내는 것이 전혀 타당하지 않은 것입니다. 예컨대, 악령이나 병으로 미친 사람이 친구 등 자신을 돕는 사람들에게도 피해를 주려고 하고, 무기로 때리기도 하지만 친구들은 그에게 화를 내면 옳지 않고 오히려 연민을 일으켜 그를 도와야 합니다. 그와 같이 타인이 나에게 피해를 줄 때에도, 그는 분노 등의 번뇌에 취해서 그렇게 할 뿐 그에게는 자신을 통제하는 힘이 전혀 없고, 그의 본성은 그렇지 않음 등을 생각하여 그에 대한 연민과 인욕을 특별히 일으켜서 명상해야 합니다. 그러한 등등의 다양하고 광범위한 이유들을 『입보리행론』과 『람림』 등에서 말씀하신 것처럼 배워서 명상해야 합니다.

22 대 중생의 수행방법 4
6바라밀 개발과 밀교의 길

두 번째 〈고통을 자발적으로 수용하는 인욕〉을 닦는 방법은, 자신에게 피해와 고통이 일어났을 때 그것을 참지 못하거나 싫어해 봐야 이익이 될 게 없으며, 신경 씀으로써 고통만 증가하기 때문에 피해의 상황을 생각해 보고, 『입보리행론』에서 "죽어야 할 사람이 손만 잘린 채, 만약 풀려난다면 다행이 아니겠는가? 사람으로서의 고통을 당해도 지옥에만 가지 않는다면 다행이 아니겠는가?"라는 등으로 말씀하신 것처럼 인욕의 유익함과, 한량없는 이유들의 관점에서 열의를 일으켜 그 고통과 피해들을 자발적으로 수용하는 인욕을 닦아야 합니다.

세 번째 〈법을 확신하는 인욕〉이란 업과 과보·삼보·진리 등을 생각함으로써 그것들을 두려워하지 않는 인욕을 닦는 것과, 특히 피해 주는 자, 피해 대상, 피해 주는 방법 등이 마치 거울의 영상처럼 자성自性이 공空한 사실을 생각하여 인욕을 수승하게 일으키는 것입니다. 요약하면 인욕바라밀을 완성한다는 것도, 내면의 적인 자신의 정신 연속체의 분노 등을 차단하는 마음의 숙달을 완성시키는 것이지, 외적으로 자신에게 피해를 주거나, 피해를 줄 것 같은 한량없는 유정들을 하나씩 확실히 제거함으로써가 아니니, 왜냐하면, 그러한 것은 불가능하고, 자신의 마음 하나만 길들이면 모든 적을 제거하는 것과 같기 때문입니다. 그것은 예컨대, 발에 가시 등이 피해주는 것을 피하기 위해 모든 땅에 가죽을 씌울 수는 없지만 자신의 발바닥에만 가죽을 씌우면 모든 땅위에 가죽을 씌운 것과 같다고 『입보리행론』 등에서 자세히 말씀하고 있는 것과 같습니다.

네 번째 정진이란 선한 것을 기뻐하는 마음을 가리키고, 또 정진과는 반대되는 세 가지 게으름이 있는데 그들 각각의 해독제로서 정진을 수행하는 방법을 자세히 말씀하신 데 따라 수행해야 합니다. 세 가지 게으름 중 먼저 〈나쁜 행위를 좋아하는 게으름〉이란 예컨대 장사와 농사, 술과 여인에 대한 이야기 등 세상의 나쁜 행위와 이롭지 못한 행위를 좋아하고 집착하여 유익한 행위를 시작하고 싶어 하지 않는 것인데, 이는 유익한 행위를 처음 시작하는 데 있어 장애입니다. 그 해독제로서 윤회계의 행위에는 본질적 의미가 없음과, 그것들은 고통의 원인임을 생각하여 선한 것을 기뻐하는 정진에 의지해야 합니다. 두 번째 〈지연遲延의 게으름〉이란 유익한 행위를 시작하고는 싶지만 '내일 하지, 모레 하지'라는 생각으로 연기하면서 점점 늦어지게 하는 게으름인데, 그 해독제로서는 〈죽음의 무상성〉과 〈죽음의 불확실성〉 등을 명상하여 선행을 즉시 시작하는 정진을 수행해야 합니다. 세 번째 〈자신을 비하하는 게으름〉이란 예컨대 나는 머리도 나쁘고, 열의 등도 작아서 부처가 된다거나, 보살행을 닦는다는 것 등은 아주 어려운데 나 같은 사람이 그런 일을 어떻게 할 수 있겠느냐고 생각하는 등으로 자신을 비하하여 마음을 침체시키는 게으름입니다. 그 해독제로서 『입보리행론』에서 "나처럼 인간으로 태어난 사람에게…"라는 등으로 말씀하신 것처럼, 자신의 좋은 바탕으로서 이전 부처님들이 얻은 몸과 같은 인간의 몸을 얻었고, 좋고 나쁨 등을 판단할 수 있는 마음의 능력이 있는 등 자신의 공덕들을 생각함으로써 나도 정진의 힘을 일으키면 깨달음을 얻지 못할 리가 없다는 생각으로 마음을 고양시켜 정진을 일으켜야 합니다. 그러한 갑옷과 투구 같은 정진을 세 가지로 나누는 방법과 명상하는 방법 등이 많이 있지만 간단히 이 정도로 하고, 다섯 번째 〈선정〉을 닦는 방법과 그 본질인 〈고요함〉 수행법 등은 앞의 문·사·수 세 가지의 불교 수행을 설명할 때 대략 말했기 때문에 그 정도로 됐습니다.

여섯 번째 〈지혜바라밀〉을 닦는 방법은 일반적으로 지혜의 본질은 법을 분별하는 마음이라고 하고, 또 일반적으로 지혜에는 세간적 지혜, 초세간적 지혜 등 분류가 많이 있지만 그 모든 것의 핵심은, 인간과 법의 실상實相인 공성空性을 이해하는 지혜바라밀을 수행하는 것입니다. 왜냐하면, 보리심 등의 방편에 익숙해져도, 실상인 공성을 이해하는 지혜가 없으면 윤회의 뿌리를 잘라낼 수 없고, 날개 하나인 새가 하늘을 날 수 없듯이 방편과 지혜 하나만으로는 부처의 땅으로 갈 수 없어서 방편과 지혜를 더불어 닦아야 합니다. 『마하야나 상그라하』라는 경전에도 "지혜 없으면 눈이 없어 다섯 바라밀도 없고, 안내자 없어 깨달음 얻는 것도 불가능하다"라고 했습니다. 앞의 다섯 가지 바라밀이 있어도 실상을 보는 지혜가 없으면 다리 가진 장님과 같고, 지혜는 있지만 다섯 바라밀이 없으면 눈 가진 절름발이와 같다고 하면서, 그 둘 중 어느 쪽이든 한 쪽이 없어서는 깨달음에 이를 수 없다고 말씀하셨으므로, 6바라밀 모두를 더불어 수행하여 수행을 완성해야 합니다. 그런고로 정복자의 아들인 보살은 보시 등 바라밀 각각의 안에서도 여섯이 여섯을 갖추도록 모아서 수행하라고 말씀하셨습니다. 그것은 예컨대 보시의 보시에서부터 보시의 지혜까지이고, 같은 방식으로 다른 바라밀들도 유추해야 합니다. 그러한 실상인 공성을 실수 없이 이해하는 지혜를 일으킨다는 것은 매우 어려워서 처음에는 자력自力으로 일으킬 수 없고, 그것을 실수 없이 가르치신 스승의 뒤를 따라야 합니다. 또한 실상을 실수 없이 설명할 거라고 부처님 자신이 분명히 예언하신 아리야 나가르주나(龍樹)께서 『반야경』의 사상을 매우 많은 다양한 경전과 논리의 관점에서 설명한 『중관이취육론中觀理聚六論』 등을 지으셨고, 그의 추종자인 바바비베까(淸辨)와 샨따락시따 부자父子〈샨따락시따(寂護)와 그의 제자 까말라실라(蓮花戒)〉등이 중관의 의미를 자립논증自立論證의 방식으로 말했고, 붓다빨리따(佛護)

와 찬드라끼르띠(月稱) 등이 중관의 사상을 귀류논증歸謬論證
의 방식으로 말한 등등 사상적 관점과 다양한 설명 방식
이 아주 많이 일어났습니다. 그런데 쇠락하는 시기의 대학
승 쫑카빠 존자께서는 앞의 학자들 각각의 저서와 체계
모두에 대해 배우고, 숙고하고, 수행하고, 헤아려 보신 뒤
마침내 실상을 실수 없이 이해한 견해를 마음에 일으키셨
고, 견해에 관해서 지으신 가르침의 핵심 『짜쉐남세첸모』
와 『우마라죽뻬델빠』· 『남셰공빠랍쎌』· 『당와당응에뻬
된남빠르제뻬렉세닝뽀』 등을 저술하셨고, 그 끝에 "사바
세계 학자들의 보석이 되신 이 분들이…"라는 문구로부
터 "나가르주나의 좋은 체계를 핵심으로 취하지 않을 사
람이 누구이겠는가"라고 하시면서 실상의 의미에 있어서
나가르주나의 사상을 붓다빨리따 · 찬드라끼르띠 등이 설
명한 귀류논증의 체계가 오점이 없고, 궁극적인 견해인 것
으로 보시고, 그것에 의지해야 한다고 말씀하셨습니다. 그
런고로 그것에 의거해서 여기에서도 심오한 실상인 공성

에 대해 의심을 제거하는 방식으로 약간 말씀드리고 싶지만, 이는 심오하고 세밀해서 조금만으로는 이해하기가 쉽지 않고, 그러지 않으면 여기에서 너무 번거로워져서, 다음 기회가 아니라면 이번에 끝날 수 없어서 당분간 미뤄두겠습니다. 여기까지 해서 마음을 일으키는 것으로부터 6바라밀의 행위를 닦는 방법에 대한 요약까지를 설명해 마쳤습니다.

그러면 결과인 부처의 과위를 얻는 방법을 요약해 보면, 현교의 체계에서 부처에게는 3무수대겁無數大劫 동안 공덕이 쌓여야 되므로, 그러한 6바라밀의 행위를 닦아서 중생으로서의 보살의 길인 자량위와 가행위 두 가지를 닦는 데에 첫 번째 무수대겁 동안 공덕을 쌓아야 하고, 아리야로서의 보살의 지위에 10단계(10地)가 있는데, 1지地부터 7지까지 동안 두 번째 무수대겁의 공덕을 쌓아야 하고, 마지막 3지 동안에 세 번째 무수대겁의 공덕을 쌓아서 마침내 〈옥민뚝뽀꾀빠〉라는 정토淨土에서 십지十地의 마지막 단계에 머무르는 보살이 제거와 이해를 완성한 지혜 법신法身과, 32상 80종호로 장엄된 색신色身인 보신報身을 얻으면, 동시에 다른 국토에 있던 그의 많은 화현化現들도 화신化身의 본질로서 성불함으로 인해 삼신三身을 동시에 얻게 됩니다. 그 이후로는 윤회계가 텅 빌 때까지 몸·말·마음의 행위를 한량없고 끊임없이, 중생들을 위한 일을 노력이 필요없이 자연적으로 하시게 된다라고… 현교 체계에 의해서 과보인 부처가 되는 방법이 대략 이와 같습니다.

그런데 대승 밀교密敎의 가르침이 있는 경우, 여기에서는 현교와 밀교 두 가지 모두에 꼭 필요한 길인 〈포기에 대한 자각〉, 〈실상인 공성을 이해한 지혜〉, 〈보리심〉 등 공통적인 방법들을 익힌 뒤에, 빨리 부처가 되는 방법인 최상의, 비교할 수 없는 금강승金剛乘의 길에 확실하게 들어올 수 있도록 하는 것이 대단히 중요합니다. 왜냐하면, 이 길에 의지하면 많은 겁劫이 걸릴 필요 없이 쇠락하는 시대의 수명이 짧은 사람도 부처가 될 수 있는 특별한 방법이 있기 때문입니다. 또한 공통되는 과정에 대한 공부를 앞에서 마쳤으면, 밀교의 스승 자격을 가진 사람으로부터 관정灌頂을 받아 자신의 마음의 흐름을 성숙시키고, 관정을 받을 때에 받아들이는 서약과 계율 등을 눈(眼)처럼 보호해야 합니다. 공통과정 공부를 앞에서 마치지 않았거나, 마쳤어도 사신四身[20]의 씨앗을 확실히 보유한 순수한 힘을 얻지 못했거나, 그것을 얻었어도 밀교의 서약과 계율을 올바로 지키지 못한 사람들에게는, 밀교라는 비교할 수 없는 길의 공통적이지 않으면서 아주 빠른 심오한 특성 그것들이 오기는 고사하고, 서약과 계율을 위반한 탓으로 많은 겁 동안 악도의 고통을 겪어야만 하게 되는 등의 위험이 아주 크게 있다고 밀교에서는 말씀하고 있습니다. 이는 이익과 위험 두 가지 모두가 아주 큰 오늘날의 비행기 타는 것을 예로 들어 보면 좋겠습니다. 그런고로 이러한 서약과 계율에 올바로 머무르면서 밀교의 심오한 길인 생기차제와 원만차제의 요가 두 가지를 단계적으로 수행하면 법신과 색신이 결합된 부처의 과위를 빨리 얻게 된다라고. 이상 밀교에 관해 간단히 최소한만 말씀드렸습니다.

■ 옮긴이의 말

이 책은 티베트 불교 겔룩파의 게쉐인 〈룬둡 소빠Lhundup Sopa〉 스님이 티베트 불교의 전반에 걸쳐 설명한 책 『Lectures on Tibetan Religious Culture』을 번역한 것입니다. 소빠 스님의 이 책은 현재 다람살라에 있는 티베트 도서관에서 티베트어와 티베트 불교를 가르치기 위한 교재로 활용되고 있습니다.

이 책은 전체적으로 1부와 2부로 구성되어 있는데, 1부에서는 티베트 불교를 이해할 수 있도록 티베트 불교의 여러 특징들에 대해 간략히 기술하고 있고, 2부에서는 티베트 불교 교학의 완성자로 알려진 겔룩파의 창시자 쫑카빠 존자尊者의 『람림(菩提道大第論)』의 내용을 중심으로 모든 중생을 대·중·소 세 단계로 분류하고, 각 단계 중생들의 수행방법에 대해 언급하고 있습니다.

『람림』은 『깨달음에 이르는 길』이라는 제목으로 한국어번역본이 2005년도에 출판된 것으로 알고 있습니다.

이 책은 현재 다람살라 근처에서 티베트 어와 티베트 불교를 배우려는 많은 한국인들이 공부하고 있는 책이기도 합니다. 그래서 처음에 그들에게도 도움이 되도록 하기 위해 가능한 한 직역을 하려고 노력했습니다. 하지만 그러다 보니 한글 문장의 흐름으로는 어색한 부분이 많이 생겼고, 지나친 만연체 문장이 많아졌습니다. 또한 한국의 일반독자들을 우선 배려해야 한다는 주위의 조언들도 있고 해서 많은 부분을 수정하게 되었습니다. 이점 널리 양해하시기 바라며, 이 책이 티베트 불교에 관심을 가지고 이해하시려는 분들에게 조금이나마 도움이 된다면, 번역자가 신경을 곤두세우며 애쓴 보람이 있지 않을까 생각됩니다.

지산 합장

1 본래 환생자環生者에게 쓰는 말이지만 요즈음에는 보다 일반적으로 티베트 큰 스님들에게 쓰고 있다.
2 데뿡, 간덴, 쎄라는 라싸 주위에 있는 겔룩파의 3대 사찰.
3 겔룩파 3대 사찰 중의 하나.
4 각 파마다 다른 의미로 쓰이지만 일반적으로 어느 정도의 교학과 수행 이력을 구비하신 분을 가리키며 때로는 승원장이나 주지 스님을 지칭하기도 함.
5 14~15세기 무렵에 활동했던 티베트 교학의 대가大家로 겔룩파의 창시자.
6 밀교 수행의 기초 단계.
7 이 세 가지는 겔룩파에서 가장 중시하는 밀교의 세 경전.
8 밀교 수행의 완성 단계.
9 하안거 중 보름에 한번씩 모든 비구들이 모여 계율을 암송하는 의식.
10 비구계
11 〈도과道果〉라고 번역되는 싸꺄파의 수행체계
12 인도 방향에서 침입한 종족들의 왕이라는 사실이외에는 누구인지 확실치 않음.
13 관세음보살의 화신 보살. 백색 따라와 녹색 따라가 있다.
14 석가모니 부처님께서 보살로서 지내신 많은 생生의 이야기를 모아놓은 경전.
15 티베트 사람들은 개가 허파를 보면 즉각 먹어 치운다고 생각함.
16 여기에서 '때워서'라는 표현을 쓴 것은 집중이 끊어지는 부분을 집중을 통해 때운다는 의미로 이해됨.
17 법신法身, 보신報身, 화신化身
18 인도의 샨티데바(寂天)가 주로 보살의 수행에 대해 기술한 논서.
19 쫑카빠 존자의 『깨달음에 이르는 길(람림)』에 대한 주석서.
20 법신, 보신, 화신과 이 모두를 포함하는 법계체성신法界體性身.

● 지은이 룬둡 소빠(1923~)는 티베트의 짱 지역에서 태어나 1932년에 간덴 최코르 승원에 들어갔다가, 1941년에 세라 제 승원으로 옮겨서 불교공부를 깊이 있게 했다. 중국의 침공이 있자 1959년에 티베트를 탈출하여서 1962년까지 북인도 Bengal의 Buxador 티베트난민촌에 머물렀다. 1962년에 하람빠 게쉐 학위를 받고 미국으로 갔다.
1960년 말 이래 University of Wisconsin 의 티베트불교학과 교수로 재직하면서 유럽에서도 많은 가르침을 펼쳤다. 1975년 미국에 Deer Park Buddhist Center를 설립하고 현재까지 주임교수로 있으며, Ewam 승원의 승원장이다. 그는 Jeffery Hopkins 교수와 공동저작인 〈Wheel of Time:The Kalachakra in Context〉를 포함하여 대승불교에 관한 권위 있는 여러 편의 논문과 저작을 남겼다.

● 옮긴이 지산은 조계종 송광사 승려로 법흥法興 스님의 제자다. 국내 선방과 미얀마 등에서 수행했다. 현재는 금강승 불교수행을 위해 인도 다람살라에서 티베트어를 공부중이다. 저서로는 『붓다의 길, 위빠사나의 길』이 있다.

티베트 불교문화

초판 발행　2008년 12월 20일

지은이　　룬둡 소빠
옮긴이　　지 산

펴낸이　　이연창
책임편집　김 명
펴낸곳　　도서출판 지영사
　　　　　서울특별시 종로구 명륜동 1가 75-1
　　　　　전화 02-747-6333 팩스 02-747-6335
　　　　　이메일 vvj747@chol.com
　　　　　등록 1992년 1월 28일 제1-1299호

값 10,000원
ISBN 978-89-7555-158-1 03220